초등학생이 알아야 할 참 쉬운 법

로즈 홀, 라라 브라이언 글

미겔 부스토스, 안나 레이 그림

프레야 해리슨 디자인
나타샤 잭슨, 윌 마틴 감수
송지혜 옮김

차례

법이 뭐예요?   4
법이 왜 필요해요?   6
법은 어떤 방식으로 작동할까요?   8
옳고 그름의 구분   10
흑과 백으로 간단히 가르기 힘들어요   12

제1장 형법   15
불행한 사고일까요, 아니면 심각한 범죄일까요?
사례 이야기를 보며 한 사람이 체포되어 재판을 받기까지,
어떤 일이 일어나고 또 누가 관여하는지 알아보세요.

제2장 민법   31
가족법, 물권법, 저작권법이 뭐예요?
사람들 사이의 분쟁을 해결하고 서로 공정하게 행동할 수 있게 하는
'민법'에 대해 알아보세요.

제3장 법은 어떻게 만들어지나요?   43
어디에서 어떤 사람들이 법을 만드나요?
나라마다 어떤 법률 체계를 따를까요?
법을 만들 때 반드시 따라야 하는 '헌법'에 대해서도 알아보세요.

제4장 국경을 넘어서는 법   61
전 세계가 다 같이 지켜야 하는 법이 있나요?
그 법들은 어떻게 만들어지고 어떻게 시행되고 있나요?
나라 사이에 지켜야 하는 '국제법'에 대해 알아보세요.

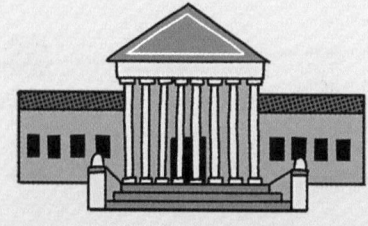

제5장 인권 77
법에서 가장 중요한 부분인 권리는 모든 사람이 동등한 기회를 가지고,
안전하고 건강한 삶을 살도록 보장하는 것을 뜻해요.
인권은 어떻게 작용하고, 인권을 위해 어떻게 행동할 수 있는지 알아보세요.

제6장 정의 89
법은 그 자체로도 공정할까요?
법을 실행하는 다른 제도는 공정한가요?
공정한 것을 의미하는 '정의'에 대해 알아보세요.

제7장 중요한 질문들 103
종종 법과 관련된 몇몇 질문들은 간단히 대답하기 어려워요.
몇 가지 논쟁들을 읽고, 여러분이라면 어떻게 결정할지 생각해 보세요.

제8장 이제 무엇을 해야 할까요? 115
직접 법을 만들거나 바꾸고 싶나요?
변호사나 의원, 경찰관처럼 법과 관련된 직업을 갖고 싶은가요?
무엇을 어떻게 해야 하는지 알아보세요.

낱말 풀이   125
찾아보기   126
이 책을 만든 사람들   128

인터넷에서 자료 찾기

어스본 바로가기(usborne.com/quicklinks)에 방문해서
검색창에 'Law for beginners'를 입력해 보세요.
여러 종류의 법과 전 세계 여러 나라의 법에 대해
더 자세히 알 수 있어요.

'어스본 바로가기'에서는 인터넷 안전 지침을 지켜 주세요.
어린이가 인터넷을 사용할 때는 보호자의 지도가 필요합니다.

법이 뭐예요?

법이란, 많은 사람이 모인 큰 집단에서 따라야 하는 규칙 체계를 말해요. 보통 한 나라 전체에 적용되죠. 법은 가정이나 학교에서 지키는 규칙과 조금 비슷하지만, 그보다는 좀 더 엄중하고 공식적인 거예요.

학교 복도에서 소리를 지르거나 뛰면 규칙을 어긴 것은 맞지만, 법을 어긴 건 아니에요.
다음은 대부분의 장소에서 법으로 금지하는 행동의 사례예요.

때로는 그 집단에서 영향력이 가장 큰 사람이 규칙을 정하기도 해요. 하지만 대체로 규칙은 신중한 과정을 거쳐 사람들의 합의로 만들어질 때가 많아요.

법을 결정하는 과정은 가족회의보다 훨씬 공식적이에요.
법은 대개 그 나라에서 권력의 자리에 있는 사람들, 즉 정치인들이 만들어요.

사람들이 규칙과 법을 따르게 하려면, 그것을 어기는 사람은 누구라도 대가를 치르도록 해야 하죠.
학교에서 일어날 수 있는 예를 살펴보세요.

법을 어긴 결과는, 학교에서 벌을 받는 것보다 훨씬 더 심각해요. 사람들은 **형벌**이라고 불리는 처벌을 받아요. 형벌의 예는 다음과 같아요.

경찰이나 판사 같은 공무원들은 법을 어긴 사람을 처벌할 수 있는 힘이 있어요.

벌금을 정부에 내요.

일정한 기간 동안 교도소에 갇혀 있어요.

사회봉사, 즉 보수를 받지 않고 지역 사회를 위해 일해요.

자유와 안전 사이에서 균형을 유지해요

누구나 원한다면 법에 따라 대부분의 장소에서 시위를 벌일 수 있어요. 이와 같은 자유는 법에 따라 사람들에게 보장하는 것, 즉 **권리** 중 하나예요. 권리에 대한 자세한 내용은 5장에서 알아볼 거예요.

그렇다고 원하는 대로 무엇이든 자유롭게 말할 수 있는 건 아니에요. 어떤 장소에서는 다른 사람에게 해를 입힐 수 있는 말을 하는 것을 법으로 금지해요.

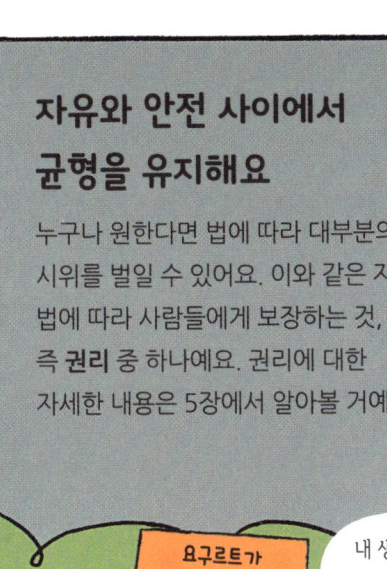

사람들이 약속을 지키도록 해 줘요

계약이란 주로 문서 형태로 쓴 것으로, 사람들이 서로 해야 할 일을 약속하는 공식적인 합의를 말해요. 계약서에는 지켜야 할 사항과 이를 위반했을 경우 어떤 일이 있을지에 대해 아주 분명하게 밝혀 놓죠.

법은 어떤 방식으로 작동할까요?

법은 사소한 말다툼에서부터 살인에 이르기까지 모든 문제를 가능한 한 공정하게 해결하기 위한 방법이에요. 이미 수천 년 전에, 사람들은 그러한 과정이 잘 작동될 수 있는 몇 가지 방법을 찾아냈어요.

법정에 가요

사람들은 다툼을 자기들끼리 해결하는 대신, 문제를 **법정**으로 가져갈 수 있어요. 법정에서는 여러 사람이 모여서 법을 어떻게 적용할 것인지 결정해요. 가장 오래된 법정은 약 5,000년 전 고대 이집트에 있었다고 알려져 있어요.

법을 문자로 기록해요

법을 문자로 기록해 두면, 사람들이 자기 마음대로 규칙을 만들 수 없어요. 문자로 기록된 법을 '성문법'이라고 하는데, 지금까지 발견된 것 중 가장 오래된 성문법은 약 4,000년 전 고대 메소포타미아, 지금의 이라크에서 발견되었어요.

변호사와 의논해요

법이나 법정과 관련된 일은 까다로울 때가 많아요. 그래서 **변호사**가 등장하죠. 변호사는 법정에 서는 사람들에게 조언을 해 주고 그 사람들을 대변할 수 있도록 훈련받은 전문가예요. 최초의 변호사는 약 2,000년 전 고대 로마 시대에 있었어요.

증거를 찾아요

법관들은 누군가에게 그냥 유죄를 선고할 수는 없어요. 유죄를 증명할 수 있는 **증거**가 필요한데, 이 증거는 고소인이 제공해야 하죠. 이렇게 유죄 판결이 확정될 때까지는 무죄로 본다는 것을 '무죄 추정의 원칙'이라고 하는데, 그 시작은 고대 로마법으로 거슬러 올라가요.

공정하게 판결해요

재판을 맡아 사건을 법에 따라 처리하는 사람을 **판사**라고 해요. 판사가 올바르게 직무를 수행하려면, 부자나 힘 있는 사람들이 판결에 영향을 끼치도록 해서는 안 돼요.

18세기까지 영국에서는, 왕이나 여왕이 자신과 의견이 맞지 않는 판사들을 해고할 수 있었어요.

정의

법정에 가고, 법을 문자로 기록하거나, 증거를 찾는 이 모든 과정은 **정의**를 실현하기 위한 거예요.

오른쪽 그림은 '정의의 여신'이에요. 이 모습은 정의의 의미를 설명하기 위해 수 세기 동안 사용되어 왔어요.

이 그림이 상징하는 것은 다음과 같아요.
- 눈가리개는 부유하든 가난하든, 힘이 있든 없든, 모든 사람은 법 앞에서 동등한 대우를 받아야 한다는 것을 나타내요.
- 저울은 양쪽이 주장하는 증거를 공평하게 따져 봐야 한다는 것을 나타내요.
- 칼은 법이 처벌과 보호를 해 준다는 것을 상징해요.

옳고 그름의 구분

많은 사람이 법은 옳고 그른 것, 즉 **도덕적**인 것과 **비도덕적**인 것을 구분하는 내면의 깊은 감각에 뿌리를 두고 있다고 생각해요. 하지만 이는 그리 간단한 문제가 아니에요. 예를 들어, 아래의 상황은 지금 불법이거나 또는 과거에 불법이었어요. 여러분은 어떻게 생각하나요? 이것들이 모두 *비도덕적*이라고 생각하나요?

- 도둑질
- 보라색 옷 입기
- 살인
- 일요일 영업
- 불법 주차

사람들은 대부분 절도와 살인과 같은 일들이 *비도덕적*이며 불법이라고 생각해요. 하지만 불법적인 일들 중에도 *비도덕적*이라고는 말할 수 없는 게 많아요. 어떤 일이 법을 위반한 것인지에 대해서는 다양한 이유가 있을 수 있어요.

단지 **권력** 있는 누군가가 그렇게 말했다는 이유로 불법이 되기도 해요.

16세기 영국에서는 엘리자베스 1세 여왕이 보라색은 왕족만 입어야 한다는 법을 만들었어요.

왕족 빼고 보라색 금지!

이러한 사례들 중 어떤 것은 여러분의 생각과 다를 거예요. 법은 보편적이지 않아요.
어떤 나라에서 불법인 것이 다른 나라에서는 전혀 문제가 안 될 수도 있어요.

그른 것이 옳은 것으로 바뀌기도 해요

무엇이 옳고 그른지에 대한 사람들의 생각은 시간이 지나면서 변해요. 법도 마찬가지예요.

권력자들을 설득해 법을 바꾸거나 새로운 법을 만드는 건 시간이 오래 걸리는 일이에요.
이런 일들이 어떻게 일어나는지는 3장에서 자세히 알아볼 거예요.

흑과 백으로 간단히 가르기 힘들어요

도둑질 같은 특정한 행위를 불법으로 규정하는 일은 간단해 보일 수 있어요.
하지만 사람들은 여러 상황에서 자기 것이 아닌 물건을 가져가기도 하죠.
법은 이런 것들을 모두 고려할 수 있을 만큼 아주 똑똑해야 해요.
어떻게 그럴 수 있는지 그 방법을 살펴보세요.

단어의 문제

법에서 사용하는 말은 마치 로봇이 하는 말처럼 보일 수도 있어요. 법에서는 허용되는 것과 허용되지 않는 것을 분명히 하기 위해 단어를 신중하게 선택하기 때문이에요. 그래서 법은 이해하기 어려울 때가 많아요. 영국의 절도법을 예로 들어 볼게요.

> 타인의 소유물을
> (영구적으로 박탈할 목적으로)
> (부정하게 도용한 경우)
> 절도죄가 인정된다.

이게 도대체 무슨 말이냐고요? 걱정 말아요, 여러분만 헷갈리는 게 아니니까요!

"부정하게 도용한 경우"는 주인의 허락 없이 무언가를 가져간다는 뜻이에요.

그러니까 여러분은 친구 집 마당에 있는 스케이트보드를 그냥 가져오면 안 돼요. 그건 절도예요.

내 친구 피트는 신경 안 쓸 거야.

하지만 만약 친구가 여러분에게 그것을 가져가도록 허락했다는 것을 증명할 수 있으면, 절도가 아니에요.

내일 스케이트보드 좀 빌려줄 수 있어?

물론이지! 마당에 있어. 알아서 가져가.

"**영구적으로 박탈할 목적으로**"는 물건을 돌려줄 계획이 없다는 뜻이에요.

이 내용은 1960년대에 어떤 남자가 영국 국립미술관에서 그림을 훔쳐 간 사건에서 매우 중요하게 작용했어요.

남자는 훔친 그림을 협상 도구로 삼아, 미술관이 자선 단체에 돈을 기부하도록 설득했어요.

14만 파운드를 기부하면 그림을 반환하겠음.

하지만 성공하진 못했죠. 결국 그 사람은 그림을 돌려주고 자신이 저지른 일을 털어놓았어요.

여기 있어요.

그 사람이 이 사건으로 재판을 받았을 때, 그림을 가지려는 의도가 없었기 때문에 그림 절도에 대해서는 **무죄** 판결을 받았어요. 하지만 액자는 돌려주지 않았기 때문에, 액자 절도죄로 3개월 동안 교도소에 들어가야 했어요.

판결을 하는 건 *사람*이에요

법에서 아무리 정확한 단어를 사용하더라도 언제나 해석의 여지는 남아 있어요.
왜냐하면 현실 세계에서 그 법을 얼마나 엄격하게 적용해야 할지 결정하는 것은 결국 사람이니까요.
사람이기 때문에 법을 적용할 때 왜 그런 일이 벌어졌는지 저절로 생각해 보게 되죠.

예를 들어, 만약 누군가 몹시 배가 고파서 음식을 훔쳤다면,
그럴 때 여러분은 그 사람을 어떻게 해야 한다고 생각하나요?

2019년 뉴욕에서 배고픈 여성이 가게에서 음식을 훔치자 경찰이 출동했어요.

↓

경찰은 그 사람을 체포하는 대신 가게에 음식값을 내주었어요.

2016년 이탈리아에서 한 노숙자가 가게에서 치즈와 소시지를 훔쳤어요.

↓

법원에서는 그 사람이 굶주렸기 때문에 절도죄를 *적용할 수 없다*고 판결했어요.

경찰이
죄 없는 사람들을
체포해도 될까요?

영국에서는
판사가 왜
가발을 쓸까요?

만약 판사나 배심원이
실수를 한다면
어떻게 되나요?

보석 심리라는 게
뭐예요?

왜 범죄자들을
처벌하는 걸까요?

제1장
형법

많은 중요한 법들이 사람 또는 기업이
피해를 받지 않게끔 보호하기 위해서 만들어졌어요.
누군가가 이런 법을 어기면, 그걸 **범죄**라고 불러요.

범죄가 의심되는 순간부터, 다양한 부류의 사람들이
사건의 진상을 밝혀내는 데 관여해요.
여기에는 **경찰관**, **변호사**, **판사**, **배심원** 등이 포함되죠.
이들의 역할은 모두 범죄를 저지른 사람이
적절한 처벌을 받도록 하는 거예요.

이 장에서는 영국의 뉴캐슬이라는 도시를 배경으로 한
가상의 범죄 이야기가 펼쳐질 거예요.
단, 나라마다 세부적인 법 적용은 조금씩 다를 수 있어요.

수상한 낌새

대체로 경찰은 범죄가 발생했을 때, 첫 번째로 관여하는 공무원이에요.
아마도 누군가 경찰에 범죄가 일어났다고 신고했기 때문일 거예요.
아니면 경찰 스스로 무언가 의심스러운 것을 발견했을지도 몰라요.

이 사람은 타락이에요.
타락은 최근 복권에 당첨되어 기분이 좋아요.

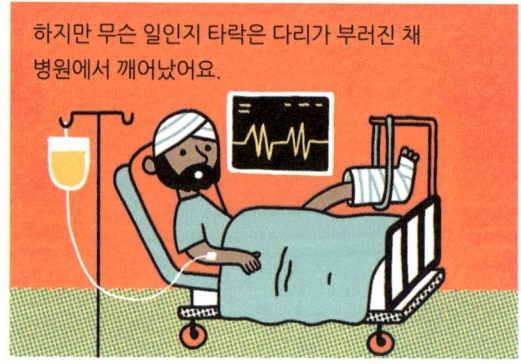

하지만 무슨 일인지 타락은 다리가 부러진 채 병원에서 깨어났어요.

경찰관은 타락에게 그의 자동차에서 바퀴가 빠져나갔고, 그 때문에 차가 길에서 벗어나 나무에 부딪혔다고 말해 주었어요.

경찰이 타락의 차를 검사했더니, 바퀴와 차체를 연결하는 4개의 너트 중 3개가 보이지 않았어요.

음… 수상하군.

단서 찾기

경찰은 누군가가 타락의 차에 손을 댔을 거라고 생각해서 더 많은 정보를 찾는 일, 즉 **수사**를 시작해요.
경찰은 범죄가 일어났다는 것을 증명할 수 있는 **증거**를 모아요.

타락의 파손된 차에서 지문을 찾아요.

그 지역 방범 카메라에 찍힌 영상을 확인해요.

타락과 그의 여자 친구 일레인, 그리고 타락의 직장 동료들을 면담해요.

체포

수사를 진행한 경찰은 타락의 여자 친구 일레인이 복권 당첨금을 차지하기 위해
타락을 살해하려 한 것으로 의심하고, 일레인을 살인 미수 혐의로 **체포**해요.
경찰은 일레인을 경찰서로 데려가서 질문을 하고 면담 과정을 녹음해 기록으로 남겨요.

경찰은 일레인을 공정하게 대우해야 해요. 이를 위해 경찰이 지켜야 하는 행동 규칙들이 있어요.
어떤 규칙이 있는지 살펴보세요.

경찰이 지켜야 할 또 다른 제한 사항이 있는데, 어떤 사람을 **기소**(다음 페이지 참고)하지 않고
경찰서에 붙잡아 둘 수 있는 시간이 한정되어 있어요. 나라와 범죄에 따라 다르지만
보통 24시간 또는 48시간인데, 더 길어질 때도 있어요.

공식적인 혐의 제기

만약 경찰관이 누군가 범죄를 저지른 증거가 있다고 확신한다면, 그다음 단계는 공식적으로 범죄 혐의를 제기하는 거예요. 이를 '**기소**'라고 해요. 앞의 사례와 같은 살인 미수죄의 경우, 경찰은 가장 먼저 정부 기관에서 일하는 법률가인 **검사**에게 충분한 증거가 있다고 알리고 설득해야 해요.

— 일레인 멀린스가 남자 친구의 차를 조작해 그를 살해하려고 했습니다. 살인 미수 혐의로 기소해야 합니다.

— 증거가 있습니까?

— 차에서 떨어져 나간 바퀴에서 일레인의 지문을 발견했어요.

— 일레인 멀린스는 뭐라고 설명하던가요?

— 최근에 공기압을 점검하기 위해 바퀴를 건드렸다고 하더군요.

— 그럴듯한 변명이로군요. 다른 증거가 있습니까?

— 음, 그게 다예요.

— 미안하지만, 그걸로는 부족해요. 법원에서 실제로 유죄 판결을 내릴 가능성이 있어야 그 사람을 기소하는 게 의미가 있어요. 그렇지 않으면 우리 모두 시간 낭비일 뿐이에요.

— 하지만 내 직감으로는 일레인의 짓이 분명해요!

— 증거를 더 찾게 되면 다시 연락 주세요.

— 반드시 그럴 거예요!

← 검사

← 경찰관

검사는 정부 편에서, 정부를 대표해서 일해요. 영국에서는 대부분의 검사가 공공기소국이라는 곳에서 일하는 반면, 한국의 검사는 주로 법무부에 소속된 검찰청에서 일해요. 미국은 연방검사, 주검사, 지방검사 등이 있어요.

그다음 단계는?

경찰관은 일레인에게 불리한 증거를 더 찾아냈고, 마침내 일레인은 기소되었어요.
범죄로 기소된 사람은 여러 차례 법정에 서서, 사건과 관련된 중요한 질문에 대답해야 해요.
그와 같은 사람을 법정에서는 **피고인**이라고 불러요.
다음은 영국과 미국을 예로 들어서 설명한 것으로, 이런 절차는 나라마다 달라요.

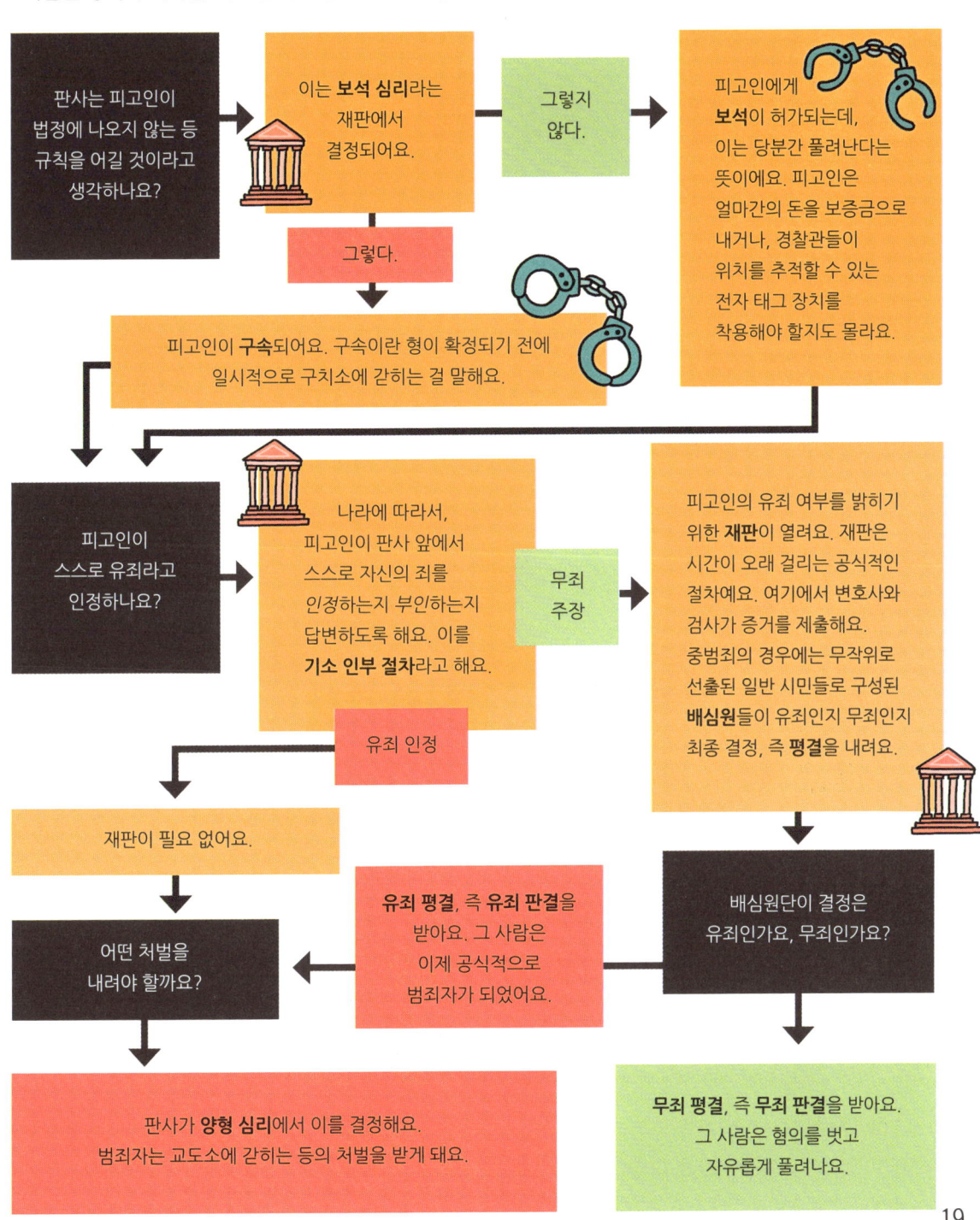

재판 준비

일레인은 살인 미수 혐의에 대해 무죄를 주장하고 있으므로, 이제 이 사건에 대해 재판이 진행될 거예요. 이론적으로 일레인은 스스로 법정에서 자신을 변호할 수 있어요. 하지만 법은 매우 복잡하기 때문에, 누구도 그러지 않아요. **피고인 측 변호인**이 일레인을 대신해 주는 편이 훨씬 나을 거예요. 재판에는 다음과 같은 다양한 사람들이 참여해요.

재판을 앞두고 양측에서는 **증거**를 모아요.
검사와 변호사들은 또한 사건과 관련된 정보를 가진 사람들을 찾아요. 이들을 **증인**이라고 하죠.

유럽과 남아메리카 일부 지역에서는 **수사 판사**라고 불리는 특별한 판사가 있어서, 재판이 열리기 전에 증거를 찾고 증인을 심문하는 일을 해요.

아는 것이 힘

변호인이 일레인을 변호하기 위해서는, 검사가 일레인의 유죄를 어떻게 주장할 것인지를 알아야 해요. 그래서 검찰 측은 모든 증거를 피고인 측과 공유해야 한답니다. 일레인의 변호사는 일레인에게 불리한 증거와 유리한 증거를 모두 살펴보며 어떻게 일레인을 변호할지 계획을 세워요.

일레인에게 불리한 증거

일레인이 범인일까요?

마침내 **재판**이 시작되었어요. 법정에서 검사는 일레인이 유죄라는 것을
입증하려고 할 거예요. 양측은 서로 증거와 증인을 내보이며 배심원들에게
자신들의 이야기가 진실이라고 설득해요. 배심원들은 양쪽 주장을 주의 깊게 듣지요.
배심원들이 결정해야 하는 것은 검찰 측이 일레인의 유죄를 증명했는가 하는 거예요.

다음은 영국에서 중범죄에 대한 형사 재판이 열리는 모습이에요.
나라마다 사람들의 자리가 달라질 수는 있지만, 원칙은 같아요.

일반적으로 형사 재판은 일반 사람들이 방청할 수 있어요.
이와 같은 공개 재판은 공정한 재판이 이루어지는 데 도움이 돼요.

방청석

기자

타락

증인석

재판이 끝나갈 무렵,
변호인과 검사 모두 배심원들을 향해
최종 변론이라고 불리는 주장을 펼쳐요.

배심원 여러분,
이것은 일레인의 탐욕 때문에 일어난
잔인한 범죄입니다.

일레인은 사고가 나기 전, 타락을 설득해
복권 당첨금을 두 사람의 공동 계좌로 옮기도록 했습니다.
그가 죽으면 돈을 차지하려고 이런 일을 벌인 것이죠.

일레인의 가족

검사

사고 전날 밤, 누군가가 타락의 자동차 바퀴에 있는
4개의 너트 중 3개를 빼냈습니다. 너트 한 개만 남게 된 바퀴는 떨어져 나갔지요.
자동차 전문가는 타락이 살아 있는 것이 행운이라고 말했습니다.

여러분은 일레인의 유죄를 확신할 수 있을 겁니다.
일레인의 지문이 자동차 바퀴와 빠진 너트에 남아 있었습니다.
바퀴의 너트가 들어 있던 봉지에서 발견된 샌드위치에는
일레인의 침이 묻어 있었다는 것이 과학적으로 증명되었습니다.

일레인은 타락을 죽이려고 한 걸까요? 그렇습니다.
사고가 나기 전, 일레인은 인터넷에서 "자동차 사망 사고를 일으키는 방법"을
검색한 후, 많은 글을 읽었습니다. 그중에는 구체적으로
자동차 바퀴의 너트를 빼내라는 내용도 있었죠.

판사는 재판이 공정하게 진행되도록 할 책임이 있어요. 마지막에는 사건의 여러 사실을 요약하고 배심원들에게 법을 설명해 줌으로써, 배심원들이 결정을 내릴 수 있도록 도와요.

가발

영국과 아프리카 일부 국가에서는 변호사와 검사, 판사가 법정에 나갈 때 가발을 써요. 이 관습은 부자들 사이에서 가발을 쓰는 것이 유행했던 17세기로 거슬러 올라가요. 유행은 지났지만 판사와 검사, 변호사는 계속해서 재판 때 가발을 썼어요. 가발을 쓰면 법정이 엄숙하고 격식을 갖춘 분위기가 된다고 주장하는 사람들도 있어요.

타락이나 일레인 둘 중 한 명은 분명 거짓말을 하고 있는데….

서기는 판결을 기록해요.

배심원단은 18세에서 70세까지의 일반인 12명으로 구성돼요.

변호인

배심원 여러분, 끔찍한 범죄가 일어났습니다. 하지만 일레인이 저지른 것은 아닙니다.

타락이 복권 당첨금을 공동 계좌로 옮긴 것은 두 사람이 휴가를 계획하고 있었기 때문입니다. 두 사람 사이에 오간 문자 메시지가 이를 보여 줍니다.

자동차 바퀴에 일레인의 지문이 있었던 것은 일레인이 바퀴의 공기압을 점검했기 때문입니다.

일레인이 샌드위치를 쓰레기통에 버린 건 맞지만, 같은 봉지에서 바퀴 너트가 발견된 것은 우연의 일치입니다.

인터넷 기사에 대해 말하자면, 제 의뢰인은 피곤할 때 인터넷에서 쓸데없는 것들을 클릭하곤 합니다. 아무런 의미 없는 것들이죠. 그날 밤, 일레인은 고양이가 노래하는 영상을 클릭하기도 했습니다.

이러한 이유로, 일레인이 유죄라고 확신할 수 없습니다. 방범 카메라 영상에는 주차장으로 들어가는 다른 사람들의 모습이 찍혀 있습니다. 범인은 일레인이 아니라 그 *사람들* 중 한 명입니다.

일레인은 **피고인석**이라고 부르는 자리에 앉아요.

← 피고인

피고인석

범죄 행위란? 범죄 의도란?

누군가가 유죄가 되려면, 법에 따라 반드시 두 가지를 증명해야 해요.
첫째는 그 사람이 상해를 입히는 행위를 저질렀다는 것이고,
둘째는 그 행위를 저지를 때 자신이 무슨 일을 하는지 알았다는 것이에요.
이 두 가지는 '범죄 행위'와 '범죄 의도'라는 말로 알려져 있어요.

일레인의 재판에서 배심원들은 이제 배심원단의 결정, 즉 **평결**을 내리기 위해 토론을 벌여요.
배심원들은 범죄를 여러 각도에서 살펴보며 문제를 풀어 나가요.

행위

배심원들은 재판 중에 판사가 한 말을 떠올렸어요.

> 배심원들에게 피고인의 유죄를 설득하는 것은 검찰 측이 할 일이에요.

> 피고인 측은 반드시 피고인이 *무죄*라는 것을 배심원들에게 설득할 필요는 없어요. 그저 검사의 주장이 충분하지 않다는 것만 설득할 수 있으면 돼요.

> 배심원들이 피고인의 유죄를 확신할 수 없다면, 반드시 **무죄** 평결을 내려야 해요.

이것은 중요한 내용이에요. 범죄 행위로 기소된 사람은 유죄가 증명될 때까지 무죄로 본다는 원칙, 즉 **무죄 추정의 원칙**이 적용되어야 하기 때문이에요.

의도

일레인은 타락을 죽일 의도가 있었을까?

- 제 생각에는 일레인이 복권 당첨금 때문에 그를 죽이려고 한 것 같아요.
- 타락을 겁주고 싶었을 뿐, 죽이고 싶지는 않았을지도 모르잖아요?
- 하지만 두 사람은 휴가를 계획하고 있었어요. 일레인이 타락을 죽이려고 했다면 왜 휴가를 가려고 했을까요?
- 비록 일레인이 그를 죽일 의도는 없었더라도, *분명히* 그가 죽을 가능성이 높다는 생각은 했을 거예요.
- 상식이 있는 사람이라면 바퀴가 떨어져 나가는 게 매우 위험하다는 것을 알아요!
- 일레인은 인터넷에서 "자동차 사망 사고"라고 구체적으로 검색했어요.
- 저는 그저 어떤 블로그를 읽은 행위가 타락을 죽이고 싶어 했다는 것을 증명하기는 힘들다고 생각해요.
- 하지만 11개의 *다른* 블로그들이었잖아요. 11개의 자동차 사고 관련 블로그를 생각 없이 클릭했을 리가 없어요.
- 만약 일레인이 순간적으로 그를 죽이려는 생각을 했더라도, 실제로는 그를 죽이고 싶지 않았다면요?
- 일레인이 나중에 마음을 바꿨다면, 타락에게 차를 운전하지 말라고 경고했어야죠.

배심원들은 모두가 같은 결정, 즉 **만장일치의 평결**을 내릴 때까지 몇 시간 동안이나 이야기를 나누어요. 만약 여러분이 이 배심원단에 들어 있다면 어떻게 할 건가요?

왜 형을 선고하나요?

일레인의 재판에서 배심원단은, 일레인이 살인 미수에 대해 유죄라는 평결을 내렸어요.
일레인이 어떤 처벌을 받을지 결정하고 선고하는 일은 판사가 해요.
그런데 범죄자들에게 형을 선고하는 까닭이 무엇일까요? 다음 벤다이어그램에서
여러 종류의 형벌과 그와 같은 형을 선고하는 다양한 이유를 살펴보세요.

범죄자를 처벌하기 위해

범죄를 저지른 사람들에게 원하지 않는 일을 하도록 시키는 것은 그들이 입힌 손해에 대한 처벌이에요.
오른쪽 보라색 범위 안에 들어 있는 선고는 형태는 다르지만 모두 죄를 벌하는 형벌이에요.

사람들이 범죄를 저지르는 것을 막기 위해

어떤 형벌은 무섭거나 불쾌해서 사람들이 범죄를 저지르지 않게 해 주어요.
그 예로, **벌금**과 **교도소**가 있어요. 가장 극단적인 경우는 **사형 선고**, 즉 죽임을 당하는 처벌로
중국, 사우디아라비아, 미국의 일부 지역에서 여전히 시행되고 있어요.
(하지만 사형 선고에 반대하는 사람이 많아요.)

모두를 안전하게 지키기 위해

어떤 형벌은 위험한 사람들이 더 이상 해를 끼치지 못하게 막기 위한 거예요.
사람들을 교도소에 가두는 것도 이런 이유 때문이죠. 덜 위험한 사람은 **사회봉사 명령**을
받을 수 있어요. 이때는 풀어 주긴 하지만 일정한 조건을 지켜야만 해요.
예를 들어, 그들을 감시하는 **보호 관찰관**과 자주 만나야 하죠.

범죄자들을 변화시키기 위해

만약 범죄자들이 새로운 기술을 배우고 필요할 때 도움을 받는다면,
범죄를 다시 저지를 가능성이 줄어들 수도 있을 거예요. 이를 **재활**이라고 불러요.
예를 들어, 범죄자는 교도소 안에서 혹은 사회봉사 명령을 받는 조건으로 분노 조절 강의를 들어야
할 수도 있어요. 또는 무보수로 일하면서 기술을 익힐 기회를 가질 수도 있을 거예요.

범죄자들이 저지른 일을 바로잡기 위해

어떤 형벌은 범죄자가 일으킨 피해를 스스로 보상할 수 있게 해요.
예를 들어, 사회봉사 명령에는 낙서 제거와 같이 지역 사회에 도움이 되는
무보수 노동이 포함돼요. 또는 범죄자가 피해자에게 돈을 지불해야 해요.
이를 **보상금**이라고 불러요.

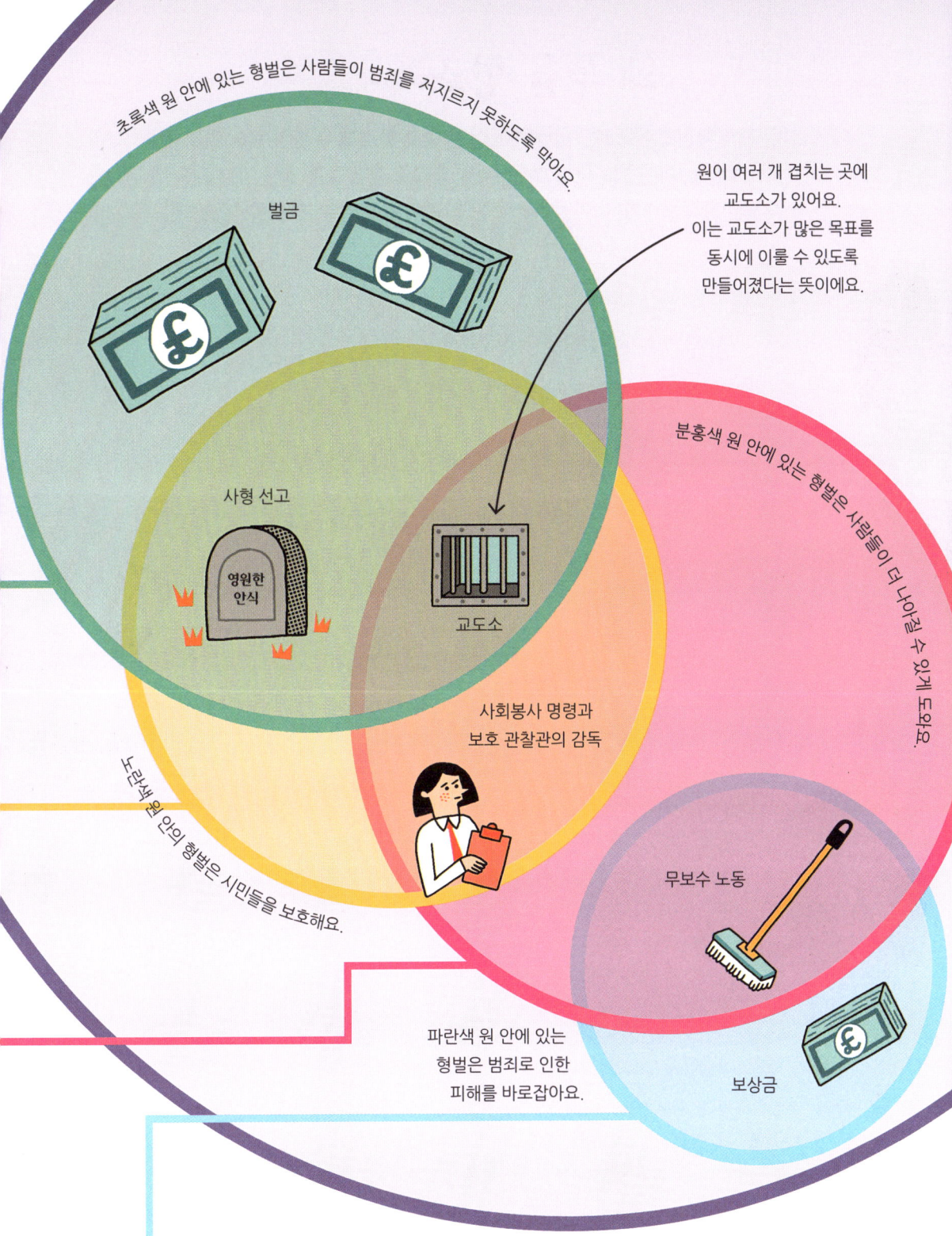

항소

유죄가 확정되어도 판결을 받아들이지 않고 **항소**를 하는 사람이 많아요.
항소란, 다른 법원에 그 사건을 봐 달라고 요청하는 것을 말해요.
하지만 항소는 1심 재판에 무언가 문제가 있어 보일 때에만 할 수 있어요.
그 예로 다음과 같은 경우를 들 수 있어요.

잘못 처리된 증거

일레인의 사건에서, 저는 일레인의 침 샘플을 샌드위치와 같은 용기에 보관했어요. 그러니까 일레인의 침이 우연히 샌드위치를 오염시켰을지도 몰라요.

배심원의 실수

배심원들은 결정을 내리기까지 배심원이 아닌 다른 사람과 사건 이야기를 하는 게 금지되어 있어요. 그런데 저는 일레인에게 물어볼 게 있어서 인스타그램으로 연락했는데….

판사의 오류

제가 사건의 여러 사실을 요약하거나 또는 배심원들에게 관련 법에 관해 설명할 때 실수를 했을지도 몰라요.

변호사의 잘못

일레인을 훨씬 더 강력하게 변호할 수 있는 증인이 있는데, 연락을 못 했어요.

항소심이 열리는 **고등법원**에서는 1심 재판에서 오류나 실수가 있었는지를 살펴보며, 그러한 오류가 재판 결과에 결정적인 영향을 미쳤는지 판단해요.
고등법원은 다음 중 하나의 판결을 내릴 거예요.

- 오류 없음. 판결은 여전히 유효함.
- 오류가 있었지만, 판결은 여전히 유효함.
- 큰 오류가 있음. 판결이 바뀌어야 함.
- 큰 오류가 있음. **재심**, 즉 재판이 다시 열려야 함.

항소에 대한 항소-상고

고등법원의 2심 재판에도 불복하면 3심 재판을 청구할 수 있어요. 이를 **상고**라고 해요. 1심, 2심, 3심 법원을 부르는 이름은 나라마다 달라요. 하지만 어디서든 중요도에 따라 법원의 등급이 매겨져요.

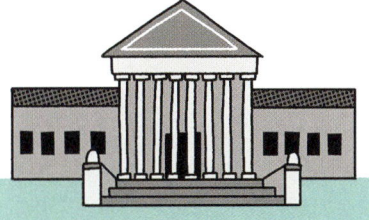

중요도 높음:
대법원

중요도 중간:
고등 법원

중요도 낮음:
지방 법원, 지원

지방 법원은 숫자가 많아요. 지방 법원에서 열리는 재판의 판사는 대개 한 명이에요.

나라나 지역에 따라 경범죄와 중범죄를 각각 다른 법정에서 재판하기도 해요. 배심원들은 중범죄에 대한 재판에만 참여해요.

고등 법원은 지방 법원의 판결에 오류가 있었는지를 검토해요. 고등 법원에서는 사건의 세부 사항을 면밀하게 살펴요.

지방 법원은 고등 법원의 결정에 따라야 해요.

대법원은 *사실의 문제*가 아니라 *법의 문제*를 살펴요.

모든 사건은 여러 명의 판사가 함께 맡아요. 대법원의 판사들은 단지 그 사건뿐만 아니라, 앞으로 발생하게 될 유사한 사건에서도 법이 어떻게 적용되어야 할지 결정해요.

각 나라마다 이와 같은 법원은 하나뿐이에요. 지방 법원과 고등 법원은 대법원의 결정에 따라야 해요.

다음 예는 대법원까지 올라간 사건이에요. 2009년, 미국 루이지애나주에서 로버트 맥코이라는 남자가 살인 혐의로 기소되었어요. 맥코이는 "무죄"를 주장하고 싶었지만, 재판을 받는 도중에 맥코이의 변호인은 맥코이가 유죄라고 말했어요.

맥코이의 재판에서…

배심원단은 그에게 살인죄로 유죄 평결을 내렸어요.

맥코이가 항소하자…

고등 법원은 맥코이에게 불리한 판결을 내렸어요. 변호인이 맥코이의 뜻을 거스르긴 했지만, 맥코이에게 불리한 증거가 너무 많아서 재판 결과는 달라지지 않는다고 말했어요.

대법원에서…

맥코이에게 유리한 판결이 내려졌어요. 피고인은 항상 "무죄"를 주장할 수 있어야 한다는 이유 때문이었어요. 법원은 이것이 맥코이가 재심을 받아야 할 정도로 큰 오류라고 판결 내렸어요.

학교에
꼭 가야 할까요?

다른 사람이 만든 것을
그대로 베끼면
법에 어긋나나요?

축구 선수들의 계약은
어떤 효력이 있나요?

결혼은 누구하고든
할 수 있나요?

제2장
민법

어른들은 돈, 인간관계, 가게에서 산 불량품 등
온갖 것을 놓고 다툼을 벌이곤 하지요.
때로는 대화만으로도 문제를 해결할 수 있어요.
하지만 어떨 때는 법률 전문가가 사람들 사이의
의견 차이를 조정할 수 있게 도와주어야 해요.

이것이 바로 **민법**이 필요한 이유예요.
민법은 사람이나 회사, 단체들 사이에서 생긴
문제들을 주로 다룬답니다.

날 다치게 했어요!

형법에서는 누군가가 여러분을 다치게 하면, 정부가 사회 전체를 대표해 여러분에게 피해를 준 피고인을 법정에 세워요. 이와 달리 민법에서는 누군가가 여러분을 다치게 했을 때, 여러분이 상대방을 법정에 데려가요. 두 경우는 결과도 아주 달라요.

형법

가해자는 처벌을 받아요.

"당신이 고의적으로 저 사람의 다리를 부러뜨린 게 밝혀졌어요. 당신에게 징역 16개월 형을 선고합니다."

민법

악!

피해자는 다친 것에 대해 보상을 받을 수 있어요. 그때 받는 돈을 **보상금**이라고 해요.

"발목을 다치게 했으니 당신은 저 사람에게 보상금으로 1,000파운드(약 150만 원)를 지급해야 합니다."

민사 사건에서는 고의나 실수로 손해를 끼치는 잘못된 행동을 '**불법 행위**'라고 불러요. 만약 불법 행위의 정도가 심하다면 민사는 물론 형사 재판까지 가게 될 거예요. 불법 행위에는 다른 사람을 다치게 하는 것뿐만 아니라, 다음과 같은 일들도 포함돼요.

정서적인 피해

재산 피해

보상금을 주는 일을 비롯해 해로운 기사를 삭제하도록 하는 등, 법원은 피해를 메꿀 수 있는 여러 조치를 요구할 수 있어요.

평판에 해를 끼치는 일, 즉 **명예 훼손**

금전적인 이익을 위해 남을 속이는 일, 즉 **사기**

누구의 잘못일까요?

불법 행위 사건의 예를 한 가지 살펴볼까요? 1928년 영국 스코틀랜드 지역의 한 카페에서, 메이 도나휴는 죽은 달팽이가 들어간 진저비어(생강을 발효시켜 만든 음료)를 마신 후 병이 났어요. 메이는 결국 한 달 동안 일을 쉬게 되었지요. 여러분은 이것이 누구의 잘못이라고 생각하나요?

메이의 사건은 영국법에 중대한 변화를 만들어 냈어요. 대법원의 판결로, 만약 누군가의 부주의로 우연히 사고가 나서 피해가 발생한다면, 이는 주의를 기울이지 않은 사람들의 잘못이라는 것이 분명해졌어요. 이것을 **과실**이라고 하는데, 가장 흔하게 발생하는 불법 행위죠. 그리하여 공장 주인은 메이에게 200파운드(약 30만 원)의 보상금을 지급했어요.

계약

두 명 이상의 사람들이 문서나 대화를 통해 공식적인 약속을 하는 것을 **계약**이라고 해요. 만약 어느 한쪽이 약속을 지키지 않으면, 법이 개입하게 되죠. 계약이 어떻게 작용하는지, 축구단에서 축구 선수를 고용하는 절차를 통해 알아보아요.

축구 선수와 구단은 서로 해야 할 일과 하지 말아야 할 일의 목록을 의논해요. 모든 세부 사항을 계약서에 기록하고, 선수와 구단이 이에 합의했다는 것을 보여 주기 위해 서명을 해요.

우리 구단에서는 당신에게 매년 5천만 파운드(약 770억 원)를 지급할 것을 약속하고,

경기에서 이길 때마다 15,000파운드(약 2,300만 원)의 보너스를 지급할 것입니다.

그리고 자동차를 사 주고 집세도 내 주겠습니다.

적어도 2년 동안은 이 팀에서 뛰겠다고 약속합니다.

그동안 훈련에 성실히 참여하고, 정해진 경기에 나갈 것이며, 체력을 유지하겠습니다.

그리고 우주로 가지 않겠습니다.*

만약 속임수나 강압 때문에 계약에 동의했다면, 이는 효력이 없어요.

계약은 양쪽 모두에게 확신을 갖게 하는 데에 도움이 돼요.

더 좋은 팀에서 뛰고 싶다고 마음대로 떠날 수는 없을 거야.

다음 경기에서 득점을 하지 못하더라도 봉급을 받을 수 있어.

어느 한쪽이 약속을 지키지 않는 것을 **계약 위반**이라고 하며, 이때 약속을 어긴 쪽이 보상금을 지급해 상대의 손해를 메꿔 줘야 해요.

보상금 액수를 미리 정해 놓을 수도 있어요. 그래서 축구 선수들은 계약된 것보다 일찍 구단을 떠날 경우에 지불해야 하는 보상금도 미리 협상해서 계약서에 명시해 두죠.

때로는 선수와 구단이 적절한 보상금에 합의하지 못해, 법원이 결정을 내려 주어야 할 때도 있어요.

*불법만 아니라면 무슨 내용이든지 상관없어요. 1999년, 선덜랜드 구단은 우주 비행에 깊은 관심을 가진 축구 선수 스테판 슈바르츠에게 우주로 가지 않겠다는 약속을 요구했죠.

물건 구매

모든 계약이 자리에 앉아 서류에 서명하는 것으로 이루어지는 건 아니에요. 법의 관점에서 보면 여러분이 물건을 살 때마다, 그 물건을 파는 판매자가 '이것은 목적에 맞고, 설명된 그대로이고, 만족스러운 품질을 가졌다.'는 내용이 쓰여 있는 계약서에 서명을 하는 것과 같아요.

예를 들어, 몇 페이지가 빠진 잡지를 파는 잡지사는 계약을 위반한 거예요.

마찬가지로 자동차를 구매할 때, 차를 사는 사람은 그 자동차가 판매자가 설명한 그대로일 거라고 생각해요. 하지만 2015년, 독일의 자동차 회사 폭스바겐은 설명과는 다른 자동차를 팔았어요. 결국 폭스바겐사는 오염 물질 배출량 테스트를 조작한 자동차 수백 대를 만든 혐의로 기소되었어요.

그 자동차들은 테스트를 할 때 낮은 수준의 오염 물질을 배출하도록 프로그램되었어요. 하지만 일반 도로에서는 기준치보다 약 40배나 많은 오염 물질을 방출했어요.

내가 산 건 이런 자동차가 아니야!

미국에서는 사람들이 모여서 그 자동차 회사를 법정에 세울 수 있었어요. 이런 일을 **집단 소송**이라고 불러요. 수십만 명의 폭스바겐 자동차 구매자들이 이 일을 해냈죠.

2016년 10월, 미국 법원은 폭스바겐사가 그 고객들에게 전부 약 100억 달러(약 11조 원)의 보상금을 지급해야 한다고 명령했어요.

우리 돈을 돌려 달라!

우린 어떡해? 새들은 이런 오염 물질 때문에 폐가 나빠져도 보상을 안 해 줘.

가족법

어떤 평범한 상황들은 보기에는 변호사나 판사가 개입할 수 없는 아주 사적인 문제인 것 같아요. 하지만 나라마다 이러한 일들에 대해서도 규칙을 만들어 놓았어요. 이를 **가족법**이라고 해요.

결혼

대부분의 나라에서는, 결혼을 하거나 새로운 형태의 시민 결합을 등록함으로써 사람들 사이의 관계를 공식적으로 인정받을 수 있어요. 이는 권리와 책임이 주어지는 법적 행위예요. 관계를 공식적으로 인정받으면, 상대방의 건강이 매우 나쁠 때 법적으로 그 사람을 대신해 의료 결정을 내릴 수 있지요.

이혼

결혼이나 시민 결합을 끝내려면, 그 관계가 끝났으며 더 이상 유지할 수 없다는 것을 법원에 증명해야 해요. 오직 법원만이 이를 공식화할 수 있어요.

헤어지는 부부는 중요한 결정들을 내려야 해요. 만약 두 사람이 서로 의견이 다르다면, 법원에 가야 할지도 몰라요.

입양

다른 사람이 낳은 아이의 부모가 되는 것을 **입양**이라고 해요. 입양을 하려면 법원에서 허락을 받아야 해요.

양육

심지어 자녀를 학교에 보내는 일처럼 부모 역할을 제대로 하도록 만드는 법도 있어요. 만약 부모가 자녀를 돌보지 못하면, 지방 정부가 그 부모를 법정에 세울 수도 있어요.

가족권

우리가 사랑이나 가족에 관해 당연하게 여기는 많은 권리가 사실은 아주 오래된 건 아니에요.
또 일부 나라에서는 여전히 그런 권리가 인정받지 못하는 경우도 있답니다.

종교 사이의 결혼

다른 종교를 가진 사람들끼리 결혼할 수 있는 권리를 말해요. 인도에서는 1954년, 모든 사람이 종교가 달라도 결혼할 수 있게 합법화되었어요.

전 힌두교도예요.

전 이슬람교도인데, 마침내 우리가 결혼할 수 있게 되었어요.

동성 사이의 결혼

두 남자 혹은 두 여자가 결혼할 수 있는 권리를 말해요.

2010년, 네덜란드에서 세계 최초로 동성 사이의 결혼이 허용되었어요.

현재 약 30개국에서 동성 결혼을 법적으로 인정하고 있어요.

가족계획

가족계획이란, 언제 아이를 가질지 선택할 수 있어야 한다는 생각을 말해요. 사실상 임신을 피하는 방법을 쓸 수 있어야 가능하죠. 임신을 피하는 것을 **피임**이라고 해요.

재산권

재산을 소유하거나 사거나 팔고, 또 상속할 수 있는 권리를 **재산권**이라고 해요. 20세기가 되도록 많은 나라에서는 여성에게 남성과 동등한 재산권을 주지 않았어요. 지금도 일부 나라에서는 여전히 여성에게는 재산권이 없어요.

2019년 튀니지 시위

현재 튀니지에서는 부모가 죽으면 아들이 딸보다 두 배나 많은 재산을 받아요.

아일랜드에서는 피임이 불법이었어요. 저는 아일랜드 정부를 법정에 세웠고, 1973년에 법이 바뀌었어요.

메리 매기
(사회 운동가)

법이 변한다고 해서 사람들의 행동이 늘 바뀌는 것은 아니에요.
예를 들어, 인도에서는 다른 종교나 다른 출신 배경을 가진 두 사람이 결혼한다고 할 때 지역 사회에서는 여전히 인정하지 않을 때도 있어요.

물권법

법의 영역 중에는 사람과 어떤 물건 사이의 관계를 다루는 법도 있어요.
소유권을 중심으로 하는 법으로, 이를 **물권법**이라고 해요.

재산을 소유한다는 것은 그 재산을 사용해 돈을 벌 권리가 있다는 의미예요.

자기 재산을 다른 사람에게 주거나 팔아서 재산에 대한 자신의 권리를 넘길 수도 있어요.

다른 사람이 이 권리를 빼앗는 것은 불법이에요.

옥수수 팔아요!

농장 팝니다

옥수수 1kg-5달러

잠깐만요! 그건 제 나무예요!

하지만 이것이 재산에 관한 유일한 정의는 아니에요.
오랫동안 사람들은 재산, 특히 땅이 무엇을 의미하는지에 대해 논쟁을 벌여 왔어요.

나는 누구도 땅을 소유해서는 안 된다고 생각해요. 정부가 모든 사람을 위해 땅을 관리할 수 있어요. 러시아는 20세기 내내 이런 방식을 택했어요.

저는 재산을 갖는 일이 필요하다고 생각해요. 우리는 자기 소유가 아니면 잘 관리하지 않아요.

땅을 소유하는 건 괜찮지만, 물은 안 된다고 생각해요. 바다는 모두의 것이에요.

나는 사람들이 어느 땅에서든지 산책이나 야영을 할 수 있어야 한다고 생각해요. 일부 북유럽 국가들은 그렇게 하고 있죠.

이곳은 우리 땅이고 우리 가족이 대대로 살아왔어요. 내 허락 없이 들어올 수 없어요.

이 땅은 내 땅이에요

재산에 관한 생각은 시간이 지나면서 많이 바뀌었어요.
때때로 사람들은 그러한 변화를 법적으로 인정받기 위해 투쟁을 벌여야 했죠.

내 아이디어예요

땅과 같이 실체가 있는 것들뿐만 아니라 아이디어나 정보도 자신의 것으로 소유할 수 있어요. 이를 **지적 재산**이라고 하는데, 지적 재산을 보호하기 위한 특별한 법이 있어요.

저작권

저작권법에 따라 누구든지 그림, 글, 음악, 영화, 방송, 온라인 콘텐츠 등 다른 사람의 작업물을 허락 없이 사용하면 안 돼요.

특허

여러분이 무언가를 발명하면 그에 대한 **특허**를 등록할 수 있어요. 그러면 몇 년간 다른 사람들이 여러분의 발명품을 그대로 만들거나 판매할 수 없어요.

저는 이 우산 모자에 대한 아이디어를 특허로 등록했어요. 아무도 이것을 따라 만들 수 없게 말이에요.

예술가나 발명가는 자신들의 작품으로 돈을 벌기 위해 이러한 법의 도움을 받기도 해요. 하지만 생명을 구하는 약과 같은 일부 발명품들은 특허를 내는 게 부당해 보일 때도 있어요.

데일리 뉴스

남아프리카 공화국
2001년 4월

값비싼 약이 생명을 앗아 가다

남아프리카 공화국에서는 매년 수십만 명의 사람이 에이즈로 생명을 잃어요. 치료에 필요한 돈이 부족하기 때문이에요.

약이 왜 그렇게 비싼가요?

제약회사들이 한 가지 약을 발명하는 데 드는 돈은 수백만 달러에 달해요. 특허를 받으면, 제약회사는 많은 고객에게 약을 팔아서 투자한 돈을 다시 회수할 수 있죠. 그런데 적정한 가격은 얼마일까요?

값싼 약을 둘러싼 법정 다툼

일부 제약회사들은 남아프리카 공화국 정부가 해외에서 더 값싼 약을 사서 들여오는 것을 막기 위해 법정 소송을 걸었어요.

전 세계에서 항의를 받자, 제약회사들은 소송을 취소했어요. 또한 약값을 1인당 연간 10,000달러(약 천만 원)에서 1,000달러(약 백만 원)로 낮추었어요.

가난한 사람들에게 약값을 아주 비싸게 받는 건 잘못된 일이에요. 우리는 다른 나라에서 더 값싼 약을 구매할 수밖에 없어요.

남아프리카 공화국의 전 대통령 넬슨 만델라

꼭 법정에 가지 않아도 돼요

소송을 거는 것은 비용과 시간이 많이 드는 일이에요. 재판이 아닌 다른 방법으로, **중재자**의 도움을 받을 수 있어요. 중재자는 기업 간 또는 가족 간의 다툼이나 심지어 놀이터에서 벌어진 아이들 사이의 다툼이라도, 한쪽에 치우치지 않고 모두를 만족시킬 수 있는 해결책을 찾기 위해 노력해요.

- 모든 법이 문자로 기록되어 있나요?
- 미국 수정 헌법 제14조는 무엇일까요?
- 왜 미국 헌법이 그렇게 중요한가요?
- 지도자의 권력이 지나치게 강력해지지 않도록 어떻게 막을 수 있나요?
- 대통령을 법정에 세울 수 있을까요?

제3장
법은 어떻게 만들어지나요?

어떤 사람들은 새로운 법을 만들 수 있는 권한을 가지고 있어요.
주로 **의회** 또는 **국회**에 출석하는 정치인들이지만
법관 또는 왕이나 여왕, 심지어 종교학자가 법을 만들 수도 있어요.
이는 나라마다 다른 방식으로 이루어져요.

기본적으로 모든 나라에는 누가 권력을 가지며
어떻게 새로운 규칙을 만들 것인지에 대해 나름의 규칙이 있어요.
규칙을 만드는 일에 관한 규칙을 **헌법**이라고 해요.
모든 나라가 다 그런 건 아니지만,
헌법을 기록해 둔 편리한 법전을 가진 나라도 있어요.

법은 어디에서 만들어질까요?

법은 세계 모든 곳에서 똑같이 작동하지 않아요. 또 나라마다 **법률 체계**도 달라요.
여러 가지 다른 점 중에서 법이 어디서 시작되는지를 살펴보세요.
다음은 많은 나라에서 가장 일반적으로 법이 시작되는 곳이에요.

입법 기관

대부분의 나라는 저마다 중요한 정부 기관에서 새로운 법을 만드는 일을 해요.
이런 곳을 공식적으로 **입법 기관** 또는 **입법부**라고 부르는데, 흔히 **의회** 또는 **국회**라고 부르기도 해요.

수백 명의 정치인들이 의사당 안에서 법에 대해 토론하고 결정을 내려요.

스쿠터에 관한 새로운 법에 찬성하나요?

아직 아니에요. 좀 바꿔야 할 것 같아요.

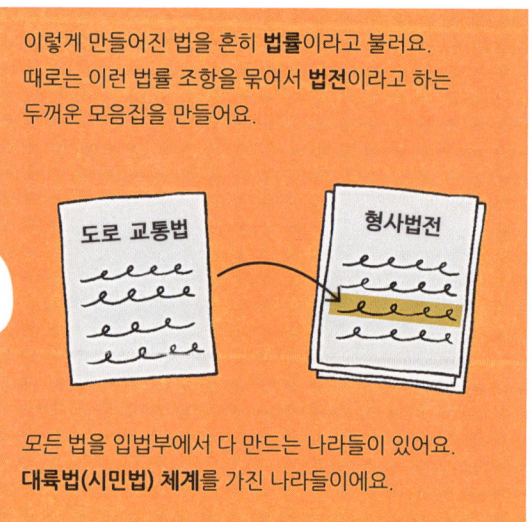

이렇게 만들어진 법을 흔히 **법률**이라고 불러요. 때로는 이런 법률 조항을 묶어서 **법전**이라고 하는 두꺼운 모음집을 만들어요.

모든 법을 입법부에서 다 만드는 나라들이 있어요.
대륙법(시민법) 체계를 가진 나라들이에요.

판사의 판결

어떤 나라들은 **영미법(보통법) 체계**를 따르는데, 이는 법이 이전의 판결, 즉 판례에 따라 만들어지는 법률 체계예요. 이름에서 보듯이 영국을 비롯해 미국 등 과거 영국의 식민지였던 나라들이 많이 따라요.

1971년 미국 대법원

1974년 미국

아이다 필립스가 어린 자녀가 있는 여성이라는 이유만으로 고용을 거부한 것은, 회사가 법을 어긴 것이라고 판결합니다.

현재 내가 맡은 사건은 1971년 아이다 필립스의 사례와 비슷하군. 그때 판사들이 어떤 판결을 내렸는지 확인해 봐야겠어.

진행 중인 사건은 어떠한 사건이든, 판사는 상급 법원이 유사한 사건에 내린 이전의 판결을 반드시 따라야 해요.

종교 경전

일부 이슬람 국가들은 **이슬람법** 체계를 따라요. 이슬람의 핵심적인 종교 경전인 **쿠란**과 또 다른 중요한 가르침이 기록된 **순나**에서 법이 시작되었지요.
이슬람을 연구하는 전문가나 학자들은 이러한 문헌을 자세히 연구해요.

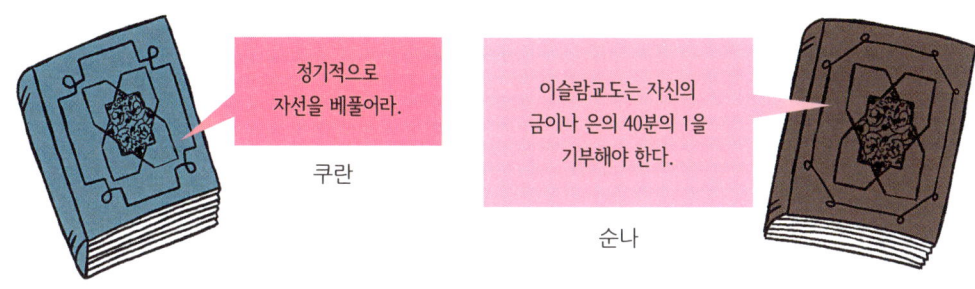

정기적으로 자선을 베풀어라.
쿠란

이슬람교도는 자신의 금이나 은의 40분의 1을 기부해야 한다.
순나

학자들이 이 문헌을 현대 사회에 적용할 수 있는 법으로 만들어요.
예를 들어, 기부 금액과 횟수를 어떻게 해야 할지 자세히 서술하는 거예요.

관습

어떤 지역에서는 비록 법이 문자로 기록되어 있지 않더라도,
공동체가 오랫동안 지켜온 전통을 법으로 여기고 따라요. 이것을 **관습법**이라고 해요.

이누이트 공동체에서는, 두 사람 사이에 갈등이 생기면 법정에서가 아니라 노래로 승부를 가려요.

두 사람은 서로 상대방을 조롱하는 아주 기발하고 재미있는 노래를 만들어서 공연을 펼쳐요. 마을 사람들을 더 즐겁게 만든 사람이 그 다툼에서 승리하는 거예요.

그는 정말 어설픈 사냥꾼이라네… 자기 부츠조차 제대로 붙잡지 못하지!

여러 가지를 혼합한 법

많은 나라의 법률 체계는 위와 같은 방식을 혼합해서 만들어요. 다음 페이지에서 자세히 알아보세요.

어디에서, 어떤 법률 체계를 따를까요?

다음은 전 세계의 다양한 법률 체계 중 몇 가지 예를 들어 놓은 거예요.

캐나다는 의회에서 통과된 법률과 함께 영미법 체계를 따라요.

영국과 **아일랜드**의 경우, 일부 법은 의회에서 만들어지고, 일부는 영미법을 따라요.

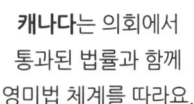
캐나다

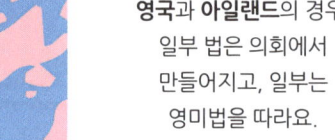
아일랜드   영국

미국 역시 의회에서 통과시킨 법률과 영미법 체계를 함께 따라요.

미국

우리 나라는 프랑스의 지배를 받았기 때문에, 법률 체계 또한 프랑스의 영향을 받았어요.

세네갈처럼 프랑스어를 사용하는 아프리카 나라들은 주로 대륙법을 따라요.

세네갈   나이지리아

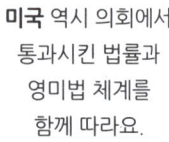
페루

나이지리아는 영미법, 이슬람법 그리고 국회에서 만든 법을 혼합해 사용해요.

칠레, 페루, 아르헨티나 등 대부분의 남미 국가들은 대륙법을 따라요.

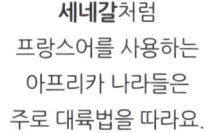
칠레

아르헨티나

남아프리카 공화국은 영미법, 관습법 그리고 의회에서 만든 법을 조합해서 사용해요.

46

잠깐...
그런데 '대륙법'이
무슨 뜻이야?

대륙법은 '시민법'이라고도 하는데
이 시민법은 이름이 비슷한 민법과는 좀 달라.
민법은 형법에 상대되는 말로, 사람들이나 회사, 집단 간 관계에서
생긴 문제를 다루는 법이지. 하지만 대륙법(시민법) 체계는
전혀 다른 거야! 때로는 유럽 대륙법이라 부르기도 하는데,
모든 게 법 조항으로 기록되어 있어. 반면에 영미법(보통법)은
판례를 따르는 법체계야. 영국과 미국이 대표적이지.
한 가지 더... 대륙법이든 영미법이든 그 안에
민법과 형법은 다 있어. 조금 헷갈리지?

대부분의 유럽 국가들은
대륙법 체계를 따라요.

우리 법률 체계는
독일과 프랑스를 닮았어요.
그 나라를 모방해서 만들었기 때문이죠.

한국 일본

사우디 아라비아는
이슬람법을 따라요.

사우디
아라비아
예멘

오만

인도

중국

한국과 **중국**, **일본**은 모두
대륙법 체계를 따라요.

예멘과 **오만**은 둘 다
이슬람법과 의회에서 통과된
법을 혼합해서 사용해요.

인도는 영미법, 종교법,
관습법 그리고
의회에서 만든 법을
혼합해서 사용해요.

오스트레일리아는
영국과 유사한 법률 체계를 가지고 있어요.
영국의 지배를 받았기 때문이에요.

남아프리카
공화국

오스트레일리아

우리도요! 그리고 아프리카와
카리브해 제도 국가들과
인도, 캐나다, 말레이시아 등도
마찬가지예요.

오스트레일리아, 뉴질랜드는
둘 다 영미법과 의회에서
통과된 법을 함께 사용해요.

뉴질랜드

47

판사가 만드는 법

영미법(보통법)은 시간이 지나면서 발전해 나가죠. 비슷한 새 사건을 다룰 때마다, 판사들이 내리는 판결로 법이 점점 더 정교해지는 거예요. 100년 전 영국에서 있었던 실제 사례로 그 과정을 살펴보세요.

1884년, 영국 선원들이 아프리카 해안에서 조난을 당했어요. 선원들은 몇 주 동안이나 조그만 배를 타고 표류하며, 배고픔과 갈증 때문에 괴로워하고 있었어요.

영국으로 돌아간 더들리와 스티븐스는 살인죄로 기소되었어요. 변호인은 그들이 살아남기 위해서 리처드를 죽일 필요가 있었던 거라고 주장했어요. 하지만 1심과 항소 재판 끝에, 판사들은 두 사람에게 살인죄에 대해 유죄 판결을 내렸어요.

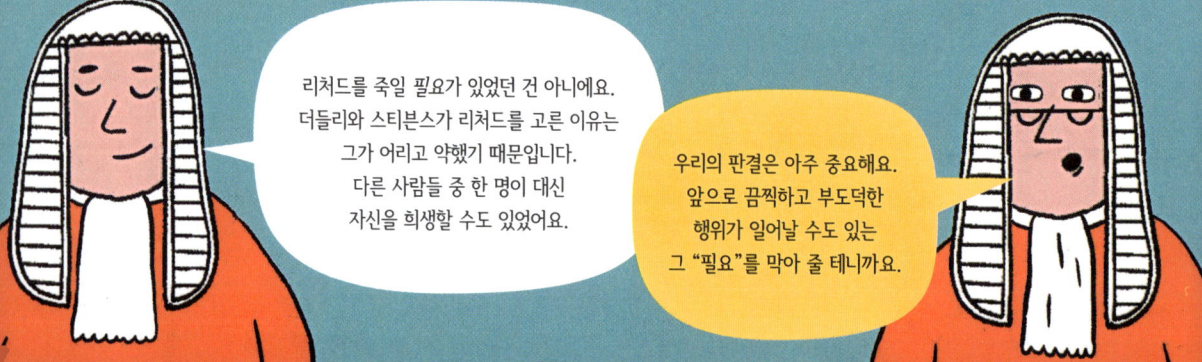

114년 후

난파선 사건 이후, 영미법에서 "필요"는 살해를 정당화하는 수단으로 받아들여지지 않았어요. 하지만 2000년에 한 쌍둥이가 몸이 붙은 채로 태어나자, 이 법은 시험대에 오르게 되었지요.

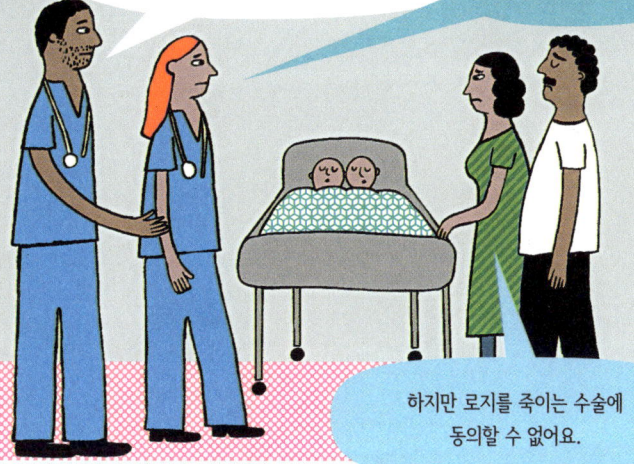

쌍둥이를 분리하지 않으면 두 아기 모두 죽게 될 거예요. 분리 수술을 하게 된다면… 그레이시는 괜찮겠지만, 로지는 죽을 거예요.

그레이시를 살리려면 분리 수술을 해야 해요.

하지만 로지를 죽이는 수술에 동의할 수 없어요.

의사들과 쌍둥이의 부모는 의견이 달랐어요. 결국 이 사건은 법원으로 가게 되었어요. 판사들은 의사들이 로지의 목숨을 끊을 수 있는지를 결정해야 했죠. 그 이유는 그레이시의 생명을 구하기 위한 필요가 있기 때문이었어요. 결국 판사들은 쌍둥이를 분리해야 한다고 판결을 내렸어요. 그 이유는 다음과 같았어요.

이것은 난파선 사건과는 다릅니다. 로지의 목숨을 빼앗는다고 해서 의사들이 얻는 것은 아무것도 없어요.

이 상황은 판사들이 피하고 싶어 했던 1884년의 끔찍하고 부도덕한 행위가 아니에요.

의사들은 로지의 죽음을 선택하는 것이 아니에요. 로지는 어느 쪽이든 결국 죽게 될 테니까요.

수술 후에 로지는 죽었지만, 그레이시는 살아남았고 잘 자라났어요.

이제 법에 따르면 "필요"는 누군가를 죽이는 행위를 정당화할 수 없지만, 예외로 인정받을 수 있는 경우가 생겼어요. 다음과 같은 때예요.

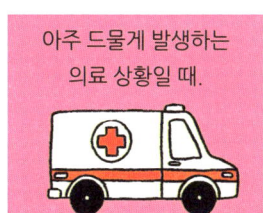

아주 드물게 발생하는 의료 상황일 때.

살해 행위가 두 가지 나쁜 행위 중에서 덜한 것이라는 점이 아주 명확할 때.

희생자가 죽임을 당하도록 선택된 게 아닐 때.

판사의 판결로 만들어지는 법, 즉 판례법에서는 재판 후에 **판결**을 글로 잘 정리하고 모아서 펴요. 재판을 담당했던 판사들이 각자 그러한 판결을 내린 이유를 설명해 놓는 거죠. 이는 앞으로 재판을 맡을 다른 판사들에게 법을 어떻게 적용해야 할지 알려 줘요.

의회에서 만드는 법

의회에 소속된 정치인들은 대개 국민들이 선출해요. 국민은 자신들이 뽑은 정치인이 합리적인 법을 만들기를 바라지요. 그래서 정치인들은 새로운 법의 세부 사항을 논의할 때 자신을 뽑아 준 국민들이 원하는 것이 무엇인지 열심히 생각해요. 다음의 예를 살펴보세요.

2019년 프랑스

새로운 법은 **법률안** 또는 **법안**이라고 부르는 초안으로 시작해요.

법률안은 의회에 소속된 정치인이 제출해요.

사람들은 내가 낸 새로운 법률안을 좋아할 거예요. 프랑스에서 플라스틱 쓰레기가 너무 많이 버려지는 것을 막기 위한 거예요.

내가 제안하는 것 중 한 가지는 사람들이 플라스틱병에 든 것을 살 때마다 **보증금**을 추가로 지불하는 거예요. 그 병을 다시 가게로 가져가면 돈을 돌려받을 수 있어요.

그다음엔 정치인들이 이 법률안에 대해 토론을 벌여요.
프랑스를 비롯한 여러 나라에서는 의회가 두 개의 의사 결정 집단, 즉 **상원**과 **하원**으로 나뉘어요.
모든 법률안은 상원과 하원 모두를 거쳐죠. 광범위한 시각으로 살펴보기 위해서예요.

상원에 법률안이 제출되면…

저는 이 법률안이 전반적으로 마음에 들어요. 하지만 플라스틱병을 반납하는 제도는 말이 좀 안 돼요. 그렇게 되면 플라스틱 사용을 완전히 멈추려는 원래 목표에서 더 멀어지게 될 거예요.

저를 뽑은 사람들도 법률안의 그 부분 때문에 화가 나서 편지를 보내왔어요.

맞아요! 그 부분은 뺍시다!

나도 동의해!

상원의원들

정치인들은 원래 법률안을 수정해서 만든 **개정안**을 표결에 부쳐요.
그런 다음, 개정된 내용은 다른 원으로 가서 *더 많은* 토론을 거치게 돼요.

상원과 하원 사이에 의견 차이가 생기면, 양쪽 의원들은 타협점을 찾으려고 노력해요.

만약 상원과 하원이 정확히 같은 내용에 찬성한다면, 법률안은 공식적으로 새 법으로 제정될 수 있어요.
하지만 그 법은 얼마나 지속될까요? 다음번에 **선거**를 해서 새로운 정치인 집단이 의회를 구성하면,
그 사람들이 있던 법을 철회하고 새로운 법으로 바꿀지도 몰라요.
물론 *새로 뽑힌 정치인*들이 새 법에 동의를 한다면 말이에요.

규칙을 정할 때 필요한 규칙

나라 전체든 지역의 축구단이든, 사람들이 모인 모든 조직이나 단체에는 그 단체가 어떻게 운영이 되고, 어떻게 결정을 내리는지에 대한 규칙이 있어요. 이 규칙들을 한데 모은 것을 **헌법**이라고 해요.

한 *나라*의 헌법 중 가장 유명한 사례로 미국 헌법을 들 수 있어요.
미국 헌법이 만들어지게 된 과정에 대해 좀 더 살펴보아요.

1780년대, 당시 미국의 13개 주는 영국으로부터 독립하기 위해 전쟁을 벌이고 있었어요.

각 주는 서로 잘 협력하고 싶었지만, 어떻게 그럴 수 있는지 명확한 규칙이 없었기 때문에, 주들 사이에 긴장감이 감돌았어요.

그래서 1787년, 대표들이 한곳에 모여 단일 국가로서 미국을 어떻게 운영해야 할지 의논하고 헌법을 만들었어요.

제1조와 제2조는 의회를 상원과 하원, 두 개의 원으로 구성하며, 대통령은 반드시 헌법 수호를 서약해야 한다고 규정하고 있어요.

제3조는 어떤 법률이 헌법에 위배되는지 검토할 권한이 대법원에 있다고 규정하고 있어요.

제5조는 헌법을 개정하기 위해서는 상하 양원의 3분의 2가 동의해야 한다고 규정하고 있어요.

영국을 비롯한 몇몇 나라는 어떻게 나라를 운영할 것인가에 관한 법이 *하나의* 단일 헌법으로 기록되어 있지는 않아요. 하지만 각각 다른 데 기록되어 있다 하더라도, 헌법적인 성격을 가졌으므로 이것 역시 **헌법**이라고 말해요.

미국 헌법의 변화

미국 헌법은 1787년 제정된 이후로 27번이나 개정되었어요.
가장 큰 변화를 가져온 개정안 중에 **노예 제도**에 대한 내용이 있었어요.
노예 제도는 다른 인간을 마치 물건이나 재산처럼 소유하는 끔찍한 제도였어요.

16세기부터 시작해 19세기까지, 천만 명 이상의 서아프리카인이 노예로 붙잡혀서 미국으로 끌려갔어요.

아프리카인들은 자신의 의사에 상관없이 대대로 노예가 되어 강제로 일을 해야 했고, 물건처럼 팔렸어요.

1787년 미국 헌법이 만들어질 때, 노예 제도는 불법이 아니었어요. 헌법을 만들기 위해 모여 있던 사람들 중에 노예 주인이 많았기 때문이죠.

노예 제도는 도덕적으로 잘못된 것이에요!

나는 노예를 포기할 수 없어요. 내게는 노예가 값어치 있는 재산이라고요.

이렇게 만들어진 미국 헌법은, 흑인이 백인의 5분의 3만큼의 가치를 가진다고 공식적으로 선언했어요.

그 후 1861년부터 1865년까지, 노예 제도에 반대하는 북부 주들과 노예 제도를 지지하는 남부 주들 사이에 피비린내 나는 전쟁이 벌어졌어요. 북부 주들이 승리한 후에야, 마침내 헌법이 개정되었어요.

1865년 제13조
노예를 두는 것은 불법이다. 단, 범죄에 대한 처벌일 때는 예외로 한다.

1866년 제14조
과거 노예였던 사람들은 미국 시민이 되었고, 모든 시민은 동등한 권리를 가진다.

1869년 제15조
인종이 다르거나 과거 노예였다는 이유로 투표를 금지하는 것은 불법이다.

린다 브라운은 어떻게 역사를 바꾸었을까요?

100년 후, 헌법이 이미 미국 흑인들에게 동등한 권리를 부여했음에도 여전히 많은 법이 흑인들을 차별했어요. 그중에서 어떤 법은 린다 브라운이라는 어린 소녀 덕분에 대법원에서 폐지 판결이 내려질 수 있었어요.

8살의 린다는 매일 먼 길을 걸어서 학교에 가야 했어요. 훨씬 가까운 곳에 학교가 있었는데도 말이에요.

걸어가기에 너무 멀고 정말 추워.

왜냐하면 가까운 학교는 백인 아이들만 다닐 수 있는 학교였기 때문이에요. 린다가 살던 캔자스주에는 흑인과 백인 아이들은 서로 다른 학교, 즉 **인종 분리** 학교를 가야 한다는 법이 있었어요.

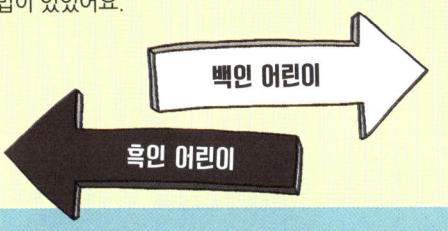

백인 어린이

흑인 어린이

린다의 아버지는 딸을 근처 학교에 입학시키려고 했지만, 교장이 거절했어요. 흑인에 대한 편견, 즉 **인종 차별**은 여전히 많은 백인에게 깊이 뿌리박혀 있었어요.

흑인과 백인 아이들은 절대 어울리면 안 됩니다! 안 그러면 어느 순간 흑인과 백인이 결혼까지 하게 될 거예요. 상상해 보세요!

그래서 린다와 아버지는 이 사건을 법원으로 가져갔어요. 재판은 대법원까지 올라갔어요.

인종 분리 학교는 수정헌법 제14조를 위반하는 것입니다. 흑인과 백인 아이들이 동등한 대우를 받지 못하기 때문이죠.

린다의 변호사

교육위원회 측 변호사

하지만 학교는 질적으로 다 같아요. 따라서 학교가 분리되어 있는 것은 문제가 되지 않아요!

린다 사건 재판에서는 과학 실험이 증거로 사용되었어요. 실험에서 흑인 아이들은 흑인 인형과 백인 인형 중 어느 것을 가지고 놀고 싶으냐는 질문을 받았어요.

이 인형은 검은색이니까 나쁜 인형일 거예요.

이 인형은 하얀색이니까 착한 인형일 거예요.

이 실험은, 인종 분리가 흑인 아이들에게 백인 아이들보다 못하다는 열등감을 느끼게 한다는 것을 보여 주었어요.

인형 실험은 판사들의 마음을 움직였어요. 판사들은 인종 분리 학교는 *위헌*이므로 반드시 폐지되어야 한다는 판결을 내렸어요.

흑인 아이들을 인종 분리 학교에 보내는 것은 아이들의 자신감에 상처를 주고 그들을 억누르는 일입니다. 이런 상황에서 흑인 아이들이 어떻게 동등한 권리를 가질 수 있겠습니까?

시간이 걸리긴 했지만, 이 재판으로 결국 인종 분리 학교들도 점점 통합된 학교가 되었어요.

법전이 없는 영국 헌법

영국은 헌법의 성격을 띤 법을 한 군데 모아서 기록해 둔 법전이 없어요.
헌법이 법전으로 문서화되지 않았다고 해서 이를 **불문 헌법**이라고 말해요.
영국의 헌법은 여러 문서에 흩어져 있어요. 어떤 것은 아예 기록조차 없어요.

엄밀히 말하자면, 지금의 영국 여왕은 역사적으로 이어져 온 권한인 **왕실 특권**을 여전히 가지고 있어요.

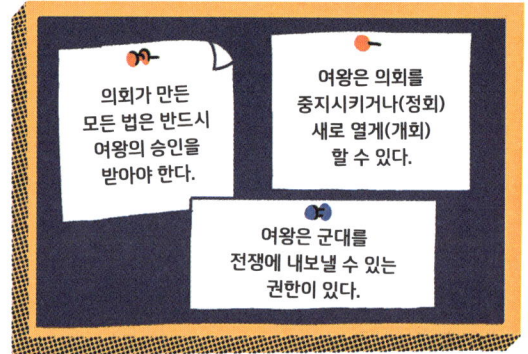

하지만 누가 실제로 권력을 가지는지에 대해 문서로 기록되지 않은 채 오늘날까지 받아들여지고 있는 오랜 **관습**들도 있어요.

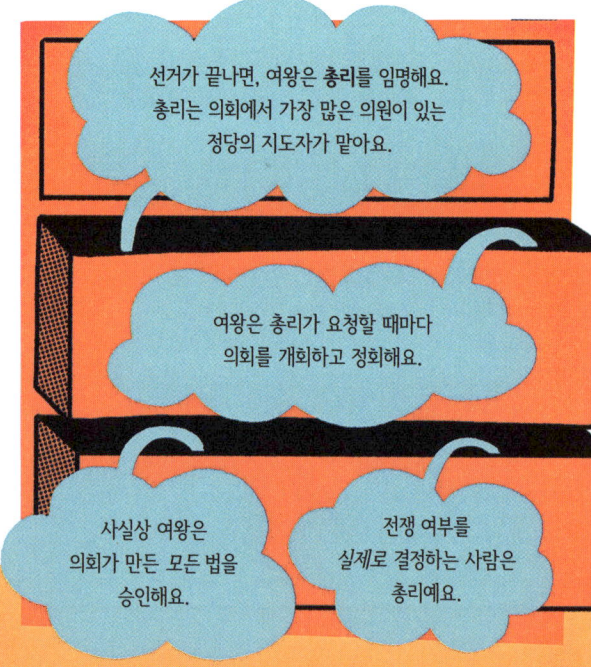

불문 헌법 중 일부는 법원의 판결에도 들어 있어요. 그와 관련해 2019년에 있었던 예를 살펴보세요.
영국의 최상급 법원인 대법원에서 열린 재판이에요.

총리 대 의회

2019년에 영국은 유럽연합(EU) 탈퇴를 눈앞에 두고 있었어요.
유럽연합은 서로 간의 무역과 공동의 법을 만드는 데 동의한 유럽 여러 나라의 공동체예요.

영국의 보리스 존슨 총리는 유럽연합에서 영국이 탈퇴하려는 계획에 의회가 동의하기를 바랐어요.

그러나 의회는 계속해서 반대했어요.

반대 반대 반대 반대 반대

존슨 총리는 여왕에게 5주간 의회를 중지할 것을 요청했고, 여왕은 승인했어요.

알겠어요, 보리스. 총리가 그렇게 말한다면….

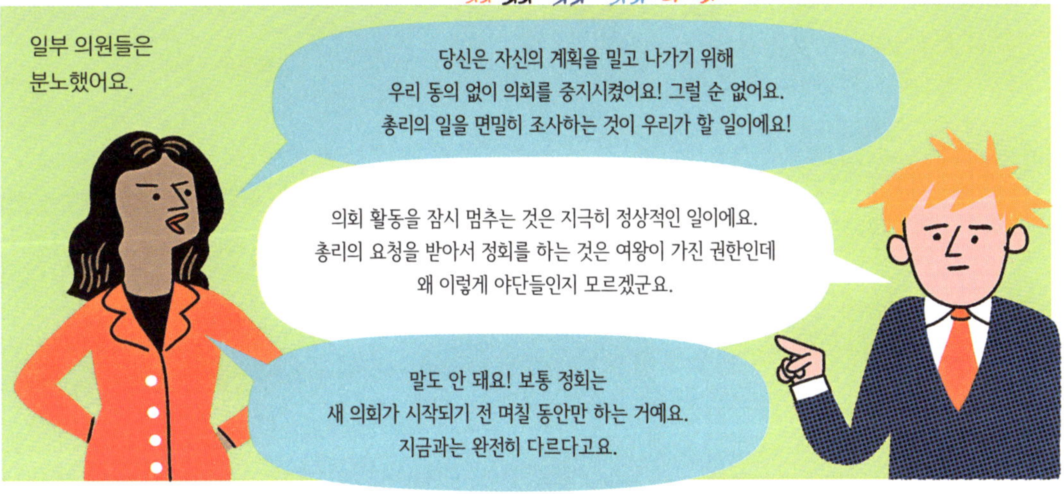

일부 의원들은 분노했어요.

당신은 자신의 계획을 밀고 나가기 위해 우리 동의 없이 의회를 중지시켰어요! 그럴 순 없어요. 총리의 일을 면밀히 조사하는 것이 우리가 할 일이에요!

의회 활동을 잠시 멈추는 것은 지극히 정상적인 일이에요. 총리의 요청을 받아서 정회를 하는 것은 여왕이 가진 권한인데 왜 이렇게 야단들인지 모르겠군요.

말도 안 돼요! 보통 정회는 새 의회가 시작되기 전 며칠 동안만 하는 거예요. 지금과는 완전히 다르다고요.

결국 존슨 총리는 잉글랜드와 스코틀랜드 두 지역의 법정에 서게 되었고, 사건은 다시 대법원으로 가게 되었어요. 다음은 판사들의 판결이에요.

총리에게 정회를 시킬 수 있는 힘이 있긴 하지만, 평상시보다 더 오랫동안 의회를 중지해야 한다면 타당한 이유가 있어야 해요.

존슨 총리는 오랫동안 의회를 폐쇄하는 이유를 설명하지 않았기 때문에, 그 정회는 불법이에요.

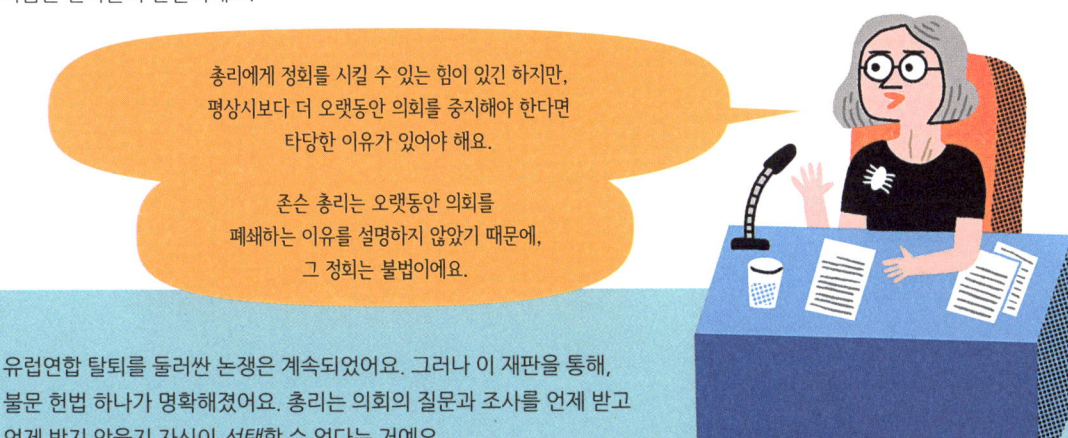

유럽연합 탈퇴를 둘러싼 논쟁은 계속되었어요. 그러나 이 재판을 통해, 불문 헌법 하나가 명확해졌어요. 총리는 의회의 질문과 조사를 언제 받고 언제 받지 않을지 자신이 선택할 수 없다는 거예요.

권력을 견제해요

한 나라를 책임지는 사람은 많은 권력을 가져요. 하지만 어떤 사람이나 집단이 너무 많은 권력을 독차지하는 것은 좋지 않아요. 이를 막기 위해, 많은 나라에서는 권력을 3개의 기관이 나누어 가져야 한다고 헌법에 규정해 놓았어요. 독일을 예로 들어 살펴보아요.

행정부

일반적으로 아주 중요한 한 사람, 즉 **대통령**, **총리** 또는 **수상**을 가리키는 말이에요. 때로는 권력을 나누어 가지는 두 사람, 예를 들어 대통령과 국무총리를 일컬을 때도 있어요. 이들은 '내각'이라고 부르는 기관의 도움을 받아 매일매일 국가를 운영해 나가요.

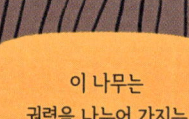

저는 독일의 총리 앙겔라 메르켈입니다.

이 나무는 권력을 나누어 가지는 세 기관을 나타내요.

- 행정부는 입법부에서 만든 법을 승인하는 권한이 있어요. 입법부에 대해서는 오른쪽 페이지를 보세요.

- 행정부는 입법부에서 통과시킨 법을 **집행**해야 해요. …하지만 그 법을 언제쯤 집행할 것인지, 그리고 어떤 법을 우선으로 할 것인지는 행정부가 결정할 수 있어요.

- 행정부는 대법원의 고위 법관들을 임명해요. 사법부에 대해서는 오른쪽 페이지를 보세요. …하지만 고위 법관들을 임명한 이후, 행정부는 그 법관들의 실제 판결에는 간섭할 수 없어요.

입법부

의회 또는 국회라고 불러요.

독일의 연방의회도 상원과 하원이 있어요. 이곳은 독일 의사당이에요.

- 입법부는 행정부가 다른 국가와 체결한 협정 또는 조약을 거부할 수 있어요.

- 입법부에는 여러 분야별 위원회가 있어서, 행정부가 어떤 일을 하는지 감시하고 약속한 것을 지키도록 압력을 가해요.

- 입법부는 법을 만들어서 행정부가 할 일을 알려 주어요.

사법부

나라에서 가장 높은 법원에서 판결을 내리는 대법관들로 이루어져요.

우리는 독일에서 가장 중요한 판사들 중 세 명이죠.

- 사법부는 행정부가 하는 일이 법에 위배되지 않는지 심사할 수 있어요. 이와 같이 법보다 더 강한 사람(권력)은 없다는 원리를 **법의 지배**라고 해요.

- 사법부는 어떤 법이 헌법에서 규정하는 권리를 침해할 때에는 그 법을 위헌으로 판결할 수 있어요.*

*한국에서는 사법부에서 독립된 '헌법재판소'가 이 일을 해요.

견제를 벗어난 권력

1933년 아돌프 히틀러는 독일의 총리로 선출되었어요. 초기에는 행정부만 맡았지만, 히틀러는 곧 다른 두 기관이 가진 권력도 빼앗았어요.

아무도 히틀러를 막을 수 없는 상황이 되자 그는 세계대전을 일으켰고, 약 600만 명의 유대인을 비롯해 마음에 들지 않는 사람들을 죽이라고 명령했어요.

달에도
법이 있을까요?

새로운 나라는
어떻게 만들어지나요?

나라가 법을
어길 수도 있나요?

가고 싶은 나라는
어디든지 갈 수 있을까요?

한 나라가 제멋대로
다른 나라와 전쟁을
일으켜도 되나요?

제4장
국경을 넘어서는 법

우리는 전 세계 어느 곳으로든 편지를 보낼 수 있어요.
대부분의 사람들은 아마 생각해 본 적이 없겠지만,
이는 모든 나라가 공통의 우편 시스템에 합의했기 때문에
가능해진 일이에요. 이와 비슷한 국제 협약은 아주 많아요.
이처럼 나라 사이의 규칙과 법을 **국제법**이라고 해요.
나라 사이에 문제가 생겼을 때 여러 나라가 어떻게 협력해서
문제를 해결할지를 규정해 놓은 거예요.

국제법이 뭐예요?

대부분의 국제법은 **조약** 또는 **협정**이라고 부르는데, 이는 여러 나라가 서로 협력하기 위해 합의한 거예요. 국제법은 전 세계 사람들이 서로 소통하고, 무역하고, 또 이동하는 방법에 영향을 미쳐요. 몇 가지 예를 살펴보세요.

난 올여름에 스페인어를 배우러 멕시코에 갈 거야.

각 국가는 자기 나라에 다른 나라 비행기가 이착륙하는 것을 허가하는 협정에 서명을 해요.

항공 협정

일기 예보에서 내일 비가 온다고 했어.

유럽 국가들은 합동 기상 예보 기관을 설치하는 조약에 서명했어요.

유럽 기상 조약 1975년

정부는 언제 오염 물질 배출량을 줄일 생각인가요?

제2의 지구는 없다!

여러 나라가 모여 중요한 문제를 해결하는 데 협력하기로 약속하는 조약에 서명을 해요.

2015년 파리 기후 협정
- 오염을 줄일 것입니다.
- 기온이 2도 이상 오르지 않도록 막겠습니다.

서명: 190개 나라

정말 맛있군!

우리가 먹는 음식 중 일부는 아마도 다른 나라에서 재배하거나 만들었을 거예요. 각 나라는 서로 음식의 안전성을 확인하는 규칙을 따라야 한다는 조약에 서명해요.

식품 기준 협정

승인

나라 간의 조약이나 협정에 서명하는 것은 계약서에 서명하는 것과 같아요. 각 나라는 약속을 지키기 위해 최선을 다해야 해요. 만약 한 나라가 조약이나 협정을 어기면, **국제 사법 재판소**에서 재판을 받게 될 수도 있어요. 65쪽에서 그에 대해 자세히 알아보세요.

"할머니, 안녕하세요! 스리랑카 생활은 어떠세요?"

모든 국제법이 문자로 기록되어 있지는 않아요. 여러 나라가 오랫동안 따라 왔던 **관습**에서 비롯된 것도 있어요.

우리는 해외로 전화를 걸 수도 있어요. 대부분의 나라가 통신 비용과 장비에 관한 조약에 서명을 했기 때문이에요.

"우리 가족은 전쟁을 피해 이 나라에 막 도착했어요."

대개 각 나라의 정부는 누가 자신들의 나라에 입국할 수 있는지에 대해 규칙을 만들어 두어요. 하지만 **난민**(위험한 상황에 놓인 나라에서 도망쳐 온 사람들)을 외면할 수는 없어요. 이는 아주 오랫동안 이어져 온 국제 관습이에요.

"전 세계 모든 아이에게 학교에 갈 권리가 있는 건가요?"

"내가 은행을 털고 다른 나라로 도망친다면, 무사할 수 있지 않을까?"

"그럼요. 국제법은 모든 사람에게 동일한 인권을 주어요. 하지만 그런 권리가 항상 보장되는 것은 아니에요."

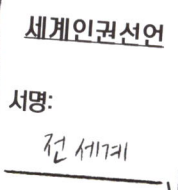

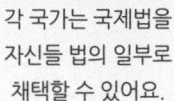

각 국가는 국제법을 자신들 법의 일부로 채택할 수 있어요.

아마도 아닐 거예요! 각 나라는 국제적인 범죄자들을 잡기 위해 협력하기로 약속하는 협정을 맺어요. 72쪽에서 자세히 알아보세요.

모든 조약과 협정, 그 밖의 국제법들은 **유엔**(UN, United Nations)에서 기록하고 보관해요. 유엔은 세계 거의 모든 나라가 가입한 국제기구예요.

국제법은 어떻게 작용할까요?

국제법은 대부분 2차 세계대전 이후에 만들어졌어요.
1945년, 전 세계의 지도자들은 더 이상 전쟁이 벌어지지 않도록 막기 위해
'유엔'이라고 불리는 국제기구를 설립했어요. 유엔은 여러 나라가 따라야 할
규칙을 정하고, 나라 간 분쟁을 평화적으로 해결하도록 도와요.

공통의 규칙

전 세계 거의 모든 나라가 유엔의 회원국으로 가입해,
유엔의 규칙을 따르기로 했어요.
그중에서 가장 중요한 몇 가지 예를 살펴보세요.

- 인권을 존중할 것.
- 다른 나라와 생긴 문제와 분쟁을 평화적으로 해결할 것.
- 다른 나라에 무력을 사용하지 말 것. 단, 정당방위는 제외함.
- 다른 나라의 일에 개입하지 말 것.
- 국제법을 존중하고 조약에서 한 약속을 지킬 것.

매년 뉴욕의 유엔 본부에서는 **총회**를 열어 새로운 규칙을
논의해요. 각 나라에서는 자기 나라를 대신하는 사람,
즉 **대표부**를 유엔에 보내요.

안녕하세요.
헬로.
올라.
비타이.
슬라맛 다땅.

만약 어떤 나라가
규칙을 어기거나
평화를 위협한다면,
유엔의 **안전보장이사회**에서는
어떤 조치를 결정하고
제재를 가할 수 있어요.
예를 들면, 그 나라와 무역을
하지 못하도록 막을 수도 있죠.

안전보장이사회는
5개 상임 이사국(중국, 프랑스,
러시아, 영국, 미국)과
2년마다 선출되는 10개
비상임 이사국으로 구성되어요.

분쟁의 해결

네덜란드에 있는 유엔의 **국제 사법 재판소**는 국가 간의 분쟁을 해결하기 위한 곳이에요.
이 재판소에서 재판을 하려면 서로 다투는 양쪽 국가의 동의가 필요해요.
재판은 전 세계에서 선출된 15명의 판사가 맡아요.

사람들을 처벌해요

때때로 매우 심각한 범죄 사건은 어느 한 나라가 홀로 다룰 수 없거나, 또는 다루기를 꺼려 할 때가 많아요.
이러한 상황에서는 피고인을 **국제 형사 재판소**에서 재판할 수 있어요.
이곳의 판사들 또한 전 세계에서 선출되어요.

국제 형사 재판소는 대량 살상, 노예 제도,
고문 등과 같은 **반인륜적 범죄**를 다루어요.
또한 소년병 징용, '제노사이드'라고도
불리는 **집단 학살**(특정 국적, 종교 또는
인종 집단을 고의적으로 말살하려는 행위)과
같은 **전쟁 범죄**도 재판해요.

국가에 대한 법

국제법은 대부분 국가 간의 관계에 초점을 맞추어요.
그런데 법의 관점에서 볼 때, 국가란 무엇일까요?

다음은 브라질을 하나의 국가로 만들어 주는 요소들이에요.

1. 정해진 영토를 가져요.

2. 늘 그곳에 살고 있는 사람들이 있어요.

3. 국가를 다스리고 대표하는 정부가 있어요. 브라질 정부는 수도 브라질리아에 자리를 잡고 있어요.

올라!

브라질리아

브라질 국회 의사당

하나의 국가는 아래와 같은 법적인 권리와…

- 유엔과 같은 여러 국제기구의 일원이 되는 것.
- 영토나 국민과 관련된 일에서 스스로 결정을 내리는 것.

…책임을 함께 가져요.

- 국제법을 존중할 것.
- 인권과 자유를 존중할 것.
- 다른 나라와의 분쟁을 무력이나 폭력의 위협 없이 평화적으로 해결할 것.

브라질이 국가가 될 수 있는 또 다른 이유는, 다른 나라들이 브라질을 하나의 국가로 인정하고 대우하기 때문이에요. 이러한 인정이 없다면 국가로서의 권리와 책임도 존중받지 못할 거예요.

내 조국 팔레스타인은 50여 개국에서 나라로 인정받지 못하고 있어요. 그래서 유엔의 정식 회원국이 될 수 없어요.

새로운 국가

때로는 한 지역에 있는 사람들이 새로운 나라를 세우고 싶어 할 때도 있어요.
다음은 나라를 세우는 것과 관련된 국제 규칙들이에요.

❌ 무력

"나는 이 땅을 정복했다. 따라서 난 이곳을 토니 인민공화국이라고 부르겠다."

국제법에 따르면, 불법 무력을 사용해 새로운 국가를 만드는 것은 법에 어긋나요. 다른 나라가 이를 국가로 인정하는 것도 불법이에요.

투표

2008년, 수십 년의 전쟁을 끝마친 남수단의 국민들은 투표를 실시했어요. 국민 대부분이 수단에서 독립해 자신들만의 나라를 세우고 싶다고 말했지요.

투표 결과는 전 세계 모든 나라에서 인정을 받았어요. 남수단 공화국은 현재 유엔의 회원국이에요.

다른 나라의 통치로부터 독립

국제법에 따르면, 사람들은 다른 나라의 지배를 받지 않는 나라에서 살 권리가 있어요.

1950년에서 1970년 사이, 유럽 국가들의 식민지였던 약 60개 나라가 독립을 했어요.

말레이시아　캄보디아　알제리　수단　베트남

만약 여러분이 모든 규칙을 지켜서 새로운 나라를 세운다 해도 다른 나라들, 특히 이웃 나라들의 인정을 받지 못하면 진정한 독립을 이루기는 어려워요.

"남유럽에 있는 우리 코소보는 분리 독립에 대한 주민 투표를 실시한 후, 2008년에 세르비아로부터 독립을 선언했어요. 하지만 세르비아는 여전히 코소보를 국가로 인정하지 않아요."

국가가 법을 어길 수 있을까요?

실제로, 국가는 법을 어길 수 없어요. 오직 *사람*만이 법을 어길 수 있지요.
하지만 만약 정부 또는 정부의 명령에 따라 행동하는 사람이 국제법을 위반한다면,
그 *나라*가 법을 어겼다고 말해요. 다음의 예를 살펴보세요.

1970년대 이란에서는 거리 시위를 벌여 팔레비 왕을 끌어내리려 했어요. 이란 국민들은 팔레비 왕이 미국에서 돈과 다른 지원을 받는 것에 반감을 가지고 있었어요.

1979년, 시위대는 이란에 있는 미국 대사관을 에워쌌어요. 사람들은 미국을 향해 왕을 돌려보낼 것을 요구했어요. 왕이 이미 고발당한 혐의에 대해 재판을 받도록 하기 위해서였어요.

미국이 팔레비 왕을 돌려보내기 전까지는 아무도 대사관을 나올 수 없어!

팔레비 왕은 미국으로 도망쳤어요.

시위대는 1년이 넘도록 미국 대사관 직원들을 인질로 잡고 있었어요.

미국은 대사관 인질을 구하기 위해 국제 사법 재판소에 이란을 상대로 소송을 제기했어요.
재판소는 판결을 내리기 전에 다음과 같은 질문을 검토해야 했어요.

법을 어겼나요?

국제법의 규칙 중에는 대사관과 그 직원들은 절대 공격당하는 일이 있어서는 안 된다는 조항이 있어요. 그러므로… 맞아요, 법을 어긴 것이로군요.

국가에 책임이 있나요?

이란 정부는 시위자들에게 대사관을 공격하라고 시키지 않았습니다. 하지만 시위자들을 막거나 인질들을 풀어 주지 않았지요. 따라서 국가에 책임이 있습니다.

국제 사법 재판소에서는 인질들을 풀어 주라고 명령했지만, 이란은 이를 무시했어요.

재판을 하는 동안에도 그랬지만, 판결이 난 뒤에도 미국과 이란은 인질 사태를 끝내기 위해 여러 가지 합법적인 수단을 사용했어요.

협상

양측이 만나서 자신들의 요구를 서로 이야기하고 협상을 시도했어요.

왕을 돌려보내면 인질들을 풀어 주겠어요.

생각해 보죠.

보복

국제법에 따르면, 국가는 스스로를 보호하기 위해 반격을 가할 수도 있어요. 이것을 **보복**이라고 해요.

우리는 인질들이 풀려날 때까지 미국 은행 계좌에 들어 있는 이란의 돈을 모두 몰수하기로 결정했습니다.

미국의 지미 카터 대통령

조정

조정은 양측이 제3자에게 도움을 요청해 해결책을 찾으려는 것을 말해요. 이 사건에서는 알제리의 중재로 협상이 진행되었어요. 결국 이란은 미국에게 돈을 돌려받는 대가로 인질들을 풀어 주는 데 동의했어요.

대사관 인질들이 미국으로 돌아와요!

중재

중재는 법정에 가는 것과 약간 비슷해요. 다만 양측이 자신들의 판사를 선택할 수 있어요. 인질 사태 이후 중재 재판소에서는 이란과 미국 사이에서 일어난 약 4,000건의 분쟁을 해결했어요.

우리에게 갚을 돈이 있죠!

아니, 없는데요!

정말 최악이로군요!

아니, 그쪽이 더하죠!

모두 얼마냐고요!

지금 농담하는 건가요!

보통 국가 간의 분쟁은 해결하기 어렵고 몇 년간 지속될 수도 있어요. 이런 일을 처리하기 위한 법률 체계는 완벽하지 않으니까요. 하지만 총이나 폭탄을 사용해 문제를 해결하는 것보다는 훨씬 나아요.

전쟁은 합법적일까요?

무력을 사용하거나 사용하겠다고 협박하는 것은 대개 불법이지만, 경우에 따라서 허용될 때도 있어요. 여러분은 다음 중 어떤 일을 위해 무력을 사용할 때 합법적일 수 있다고 생각하나요?

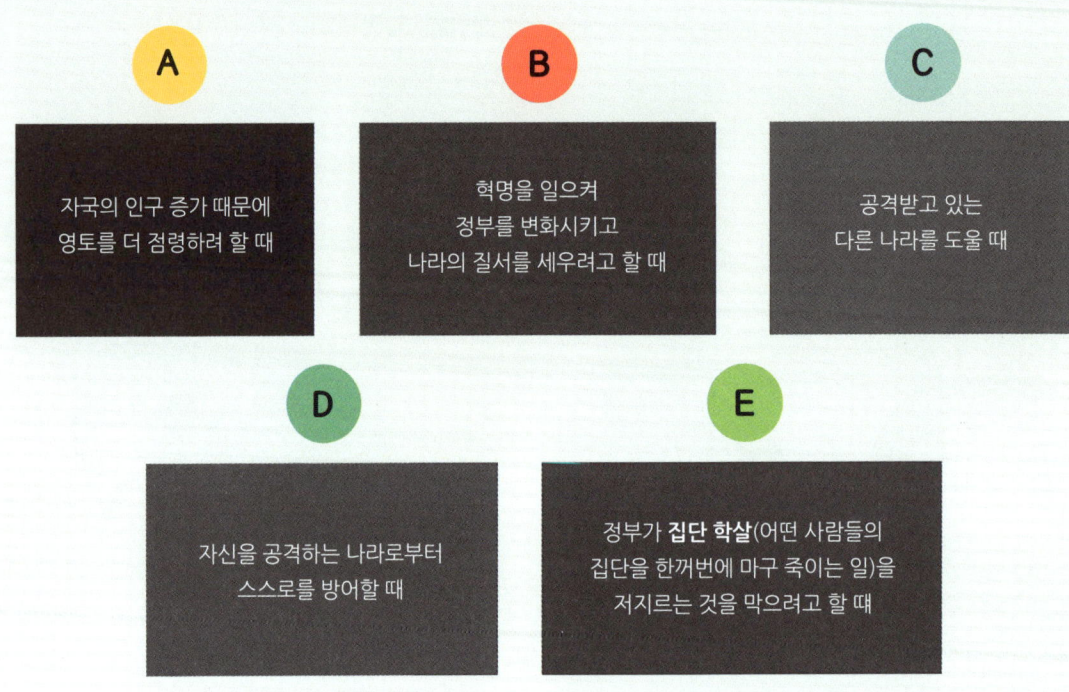

A 자국의 인구 증가 때문에 영토를 더 점령하려 할 때

B 혁명을 일으켜 정부를 변화시키고 나라의 질서를 세우려고 할 때

C 공격받고 있는 다른 나라를 도울 때

D 자신을 공격하는 나라로부터 스스로를 방어할 때

E 정부가 **집단 학살**(어떤 사람들의 집단을 한꺼번에 마구 죽이는 일)을 저지르는 것을 막으려고 할 때

국제법에 따르면, 정당방위를 위해 무력을 사용하는 것(사례 D)은 합법이에요. 유엔 안전보장이사회가 세계 평화를 위협하는 나라에 대해 무력 사용을 허가하는 것(사례 C)도 합법이지만, 그런 일은 거의 일어나지 않아요.

어떤 나라는 다른 나라 국민들의 인권을 보호하기 위해 무력을 사용하는 것도 합법으로 인정해야 한다고 주장하지만(사례 E), 모두가 여기에 동의하는 것은 아니에요. 여러분의 생각은 어떤가요?

전시 국제법

만약 어떤 이유로든 전쟁이 발발한다면, 세계 모든 나라에 적용되는 특별한 법을 지켜야 해요. 이 법들은 제네바 협약에서 시작되었어요. 제네바 협약은 1864년에 초안이 마련되었죠. 다음은 그중에서도 가장 중요한 규칙들이에요.

공격은 항공 기지와 같은 군사 목표물에만 해야 해요. 다시 말하자면, 학교나 병원, 예배 장소를 공격하는 것은 불법이라는 뜻이에요.

민간인, 즉 전쟁에 관여하지 않는 사람들은 보호받아야 해요.

군대는 **전쟁 포로**들을 돌봐야 할 의무가 있어요. 전쟁 포로란 반대편 사람들을 붙잡아 둔 걸 말해요.

국제 적십자 위원회처럼 피해자들을 돕는 국제기구들은 공격받지 않고 일을 할 수 있게 보장해 주어야 해요.

군인뿐만 아니라 모두에게 해를 끼치는 독가스 같은 무기를 사용하는 것은 불법이에요.

군대는 적군이라 할지라도 부상자를 돌봐 주어야 해요.

전쟁 중에 민간인을 의도적으로 공격하는 등 불필요한 고통을 일으키는 행위를 **전쟁 범죄**라고 표현해요.

국제법에 따르면, 군대가 전쟁 범죄를 저지르면 그 일을 저지른 나라는 반드시 보상을 해야 해요. 예를 들면, 피해를 당한 도시의 재건 비용을 지불해 주어야 할 수도 있어요.

국제 범죄자

마약 판매에서 테러에 이르기까지, 수많은 중범죄가 국제적인 조직망을 갖추고 벌어져요.
이런 범죄를 감시하는 것은 아주 힘든 일이에요.

흔히 **인터폴**이라고 부르는 '국제 형사 경찰 기구'는, 전 세계 경찰관과 법무부 관리들이 국제 범죄와 싸울 때 다 같이 협력하기 위해 설립되었어요.

2020년 4월

방금 독일 정부가 범죄 조직에게 속아 돈을 주었다고 연락이 왔습니다. 지금까지 우리가 알고 있는 것은…

독일 정부는 코로나19로부터 국민을 보호하기 위해 수백만 개의 마스크를 구입하려고 했어요.

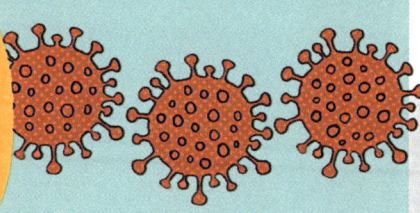

마스크를 쓰면 질병이 퍼지는 것을 막을 수 있으니까요.

독일은 마침내 한 네덜란드 회사로부터 마스크를 공급받기로 했어요.

150만 유로(약 20억 원)를 선불로 내면, 마스크 150만 개를 드리겠습니다.

좋아요, 바로 지불하겠어요.

배송일 직전…

우리는 돈을 받지 못했어요! 마스크를 받으려면 지금 바로 88만 유로(약 12억 원)를 더 내셔야 합니다.

이상하네요. 알겠어요, 돈을 더 보내죠.

하지만 마스크는 오지 않았어요

그 사람들은 어디 있는 거지? 돈은 어디로 간 거야? 경찰을 불러야 해!

우리는 범인들이 *실제* 네덜란드 회사의 웹사이트를 복제해 독일 정부의 주문서와 대금을 모두 가로챘다는 것을 알아냈어요.

유럽 전역에서 인터폴의 경찰과 법무부 관리들은 돈의 행방을 추적하고 범인들을 체포하기 위해 힘을 모았어요.

> 범인들은 돈 추적을 더 어렵게 만들기 위해 다른 은행의 계좌로 돈을 옮겼어요. 하지만 우리가 결국 모두 다 찾아냈답니다!

사라진 수백만 유로의 거래 흔적을 추적하다

아일랜드 경찰이 도난당한 돈 중 150만 유로를 아일랜드의 은행 계좌에서 찾았고, 용의자를 체포했어요.

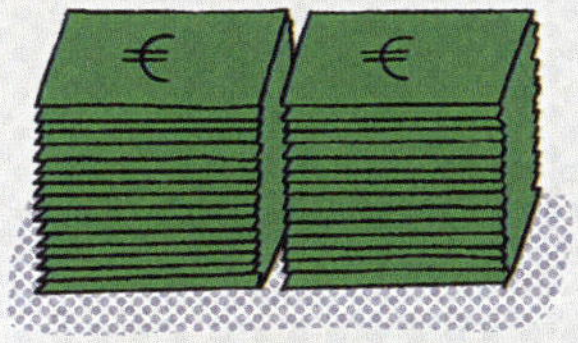

네덜란드 경찰이 네덜란드의 은행 계좌에서 30만 유로를 발견했고, 두 명의 용의자를 체포했어요.

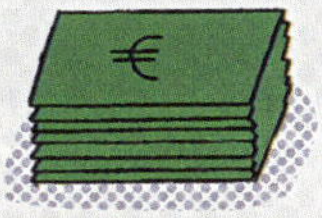

영국의 은행에서 나머지 돈을 찾았고, 나이지리아의 은행 계좌로 이체되는 것을 막아 낼 수 있었어요.

정의의 심판을 받다

잡힌 용의자들은 어느 나라에서 재판을 받아야 할까요?

보통 범죄가 일어난 나라에서 재판을 받아야 해요. 범죄를 저지른 사람이 재판을 받을 수 있도록 다른 나라로 보내는 것을 **범죄인 인도**라고 해요.

만약 누군가가 두 나라에서 범죄를 저질러서 기소되면, 일이 복잡해져요. 그러면 두 나라에서 각각 재판을 받아야 할까요?

> 당신들이 이 사람을 제대로 대우하고 공정한 재판을 받을 수 있도록 한다면, 데려가도 좋습니다.

> 동일한 범죄로 재판을 두 번 받는 것은 불공정해 보이는군요! 혹시 두 나라가 재판을 함께 진행할 수는 없나요?

국제법 전문가들은 지금도 이 문제의 해답을 찾기 위해 노력하고 있어요.

우주, 하늘 그리고 바다

한 나라가 얼마나 넓은 하늘과 바다를 소유할 수 있을까요? 이 질문에 대한 답은 바다와 우주에 관한 법을 찾으려는 대답이기도 해요. 하지만 하늘 높은 곳이든 바다 깊은 곳이든, 대부분의 사람들은 그 하늘과 바다를 보호하기 위해 협력하고 정보를 공유해야 한다는 점에서는 생각이 같아요.

"인류에게는 위대한 도약입니다."

1967년의 우주 조약에 따르면, 우주는 아무도 소유할 수 없어요.

각 나라는 우주로 보낸 것들을 책임지고 잘 관리해야 해요.

우주에 관한 모든 탐험은 평화적인 목적을 가져야 하며, 모든 사람의 이익을 위한 것이어야 해요.

국제 우주 정거장(ISS)

유럽, 러시아, 일본, 캐나다, 미국의 5개 협력 국가가 국제 우주 정거장을 소유하고 있어요. 각 나라는 저마다 자국의 우주 비행사와 장비를 책임져요. 이는 5개의 다른 방이 그 안에서 작용된다는 것을 의미해요.

각 나라는 자기 영토 위의 하늘, 즉 영공에 대한 소유권이 있어요. 이는 1919년 파리 국제 항공 협약에서 처음 언급되었어요.

비행사들은 영공을 통과하기 전에 해당 국가의 허가를 받아야 해요.

이 중 위성은 전 세계의 기상 예보관들에게 날씨에 관한 정보를 보내 줘요.

모든 사람,
심지어 범죄자에게도
권리가 있나요?

차별이 뭐예요?

표현의 자유는
아무 말이나
할 수 있다는 뜻인가요?

인권을 위해
누가 싸우고 있나요?

제5장
인권

우리가 사람다운 삶을 살기 위해서는
몇 가지 기본적인 것들이 필요해요.
음식이나 집과 같은 물질적인 것뿐만이 아니라
누구든 원한다면 종교 활동을 할 수 있는 자유까지도요.
이를 **인권**이라고 해요.

모든 사람이 인권을 가지고 있지만,
모든 사람이 그것을 누리지는 못해요.
아마도 가난, 폭력 또는 불평등 때문일 거예요.
법을 만드는 사람들은 지난 몇 백 년 동안,
인간이 가지는 권리에 관한 법을 만들기 위해 노력했어요.
덕분에 그런 법을 점점 더 잘 집행할 수 있게 되어서
이러한 권리들이 함부로 무시되지 않게 되었어요.

우리의 권리

피부색, 종교, 능력, 재산에 상관없이 모든 사람은 똑같은 **인권**을 가지고 있어요. 이러한 내용은 1948년 유엔이 만든 **세계 인권 선언**이라는 문서에 적혀 있어요. 세계 인권 선언에는 다음과 같은 내용이 들어 있어요.

교육받을 권리

식량, 피난처 및 의료 지원을 받을 권리

원하는 대로 생각하고 말할 권리

자유롭게 이동할 권리, 즉 제지받지 않고 이곳저곳을 돌아다닐 수 있는 권리

원하는 종교를 가질 권리, 또한 마음이 바뀌면 종교를 바꿀 권리

지도자를 선택할 권리

공정한 재판을 받을 권리

안전하고, 공정한 보수를 받는 직장에서 일할 권리

어린이들은 18세까지 놀이권 같은 **특별한 아동 권리**를 가져요.

이러한 권리는 그것을 빼앗기기 전까지는 당연하게 여겨질 때가 많아요.

인권은 어떻게 작용하나요?

모든 사람이 인권을 가지고 있는 건가요? 이 세상의 부유한 지역에서 사는 사람들만 가지고 있는 것 아니에요?

동물들도 권리가 있다고요. 잔인하게 다루어지지 않을 권리 같은 거 말이에요.

인간이라면 누구나 태어날 때부터 권리를 가져요. 하지만 모두가 권리를 가진다 하더라도, 모두의 권리가 존중받고 있지는 않아요.

인권은 보편적인 걸까요? 지역마다 전통이 다르지 않나요?

대부분의 나라가 인권을 보호하는 법을 채택하고 있어요. 인권은 전 세계의 문화와 종교가 공유하는 가치에 기초를 두고 있죠.

동등한 권리란 무엇인가요?

누구나 같은 권리를 가지고 있다는 뜻이에요. 따라서 어떤 사람을 성별, 나이, 피부색 때문에 다르게 대우하는 것은 옳지 않아요. 그런 것을 **차별**이라고 해요.

다른 것보다 특별히 더 중요한 인권이 있나요?

아뇨, 여러 가지 인권은 전체적으로 영향을 주고받기에, 뭐가 더 중요하다고 할 수 없어요. 만약 하나의 권리를 빼앗긴다면, 다른 권리도 모두 위협받게 돼요. 예를 들어, 어떤 사람에게 일할 권리가 없다면, 어떻게 음식이나 살 곳을 구하는 데 필요한 돈을 마련할 수 있겠어요?

다른 사람의 인권, 예를 들어 범죄자의 인권을 빼앗아도 될까요?

아뇨, 하지만 어떤 권리는 다른 사람들을 보호하기 위해 *제한*될 수 있어요. 예를 들어, 범죄자를 교도소에 가둘 수 있죠. 하지만 다른 권리들, 예를 들어 잔인한 **고문**을 당하지 않을 권리 등은 끝까지 지켜져야 해요.

법에 적혀 있는 권리

권리를 법으로 기록해 두면, 그러한 권리를 존중하고 보호하며 지키기가 쉬워져요.
예를 들면, 뉴질랜드의 '권리 장전법'에서는 **표현의 자유**에 대한 권리를
어떻게 정의하고 보장해야 하는지를 다음과 같이 정해 놓았어요.

권리 장전에 따르면,
모든 사람은 어떤 형태로든
정보와 의견을 찾거나 받고, 전할 권리가 있어요.

이 법은 정부가 표현의 자유를 **존중**하고, 간섭하지 말아야 한다는 것을 나타내요. 정부가 비판을 받는다 하더라도요.

법은 언론의 자유를 **보호**해요. 만약 이 권리가 무시당한다면, 법원에 소송을 제기할 수도 있어요.

정부는 또한 국민이 정보를 찾고, 받고, 공유하는 것을 도와서 이 권리가 지켜지도록 해야 해요.

정부가 노인들을 실망시켰어요!

저는 요양원에서 노인들이 받는 대우를 비판하다가 해고당했어요. 판사는 나를 해고한 게 불법이라고 판결 내렸어요.

저는 요양원 사건에 대한 기사를 쓰고 있어요. 최근 정부는 요양원 조사 보고서를 공유해 주며 제 일을 도와주었어요.

표현의 자유는 보호되어야 할 핵심적인 권리예요.
표현의 자유 없이 다른 인권 문제를 다룰 수는 없으니까요.
위에서 예를 든, 요양원에서 학대받는 사람들 문제가 그랬죠.

아무 말이나 해도 될까요?

때때로 자신을 표현하는 일이 다른 사람들, 심지어 사회 전체에 피해를 주기도 해요. 그래서 많은 나라에서는 사람들을 보호하기 위해 부분적으로 표현의 자유를 제한하는 법을 만들기도 해요.

인종, 성별, 성 정체성 또는 종교가 다르다는 이유로 다른 사람을 위협하고 모욕하는 말을 하거나 그런 글을 올리는 건 불법이에요. 이런 것을 **혐오 발언**이라고 해요.

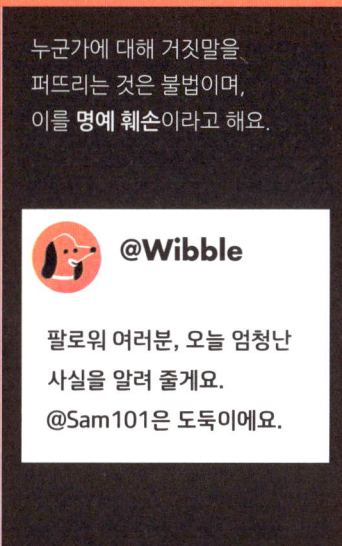

누군가에 대해 거짓말을 퍼뜨리는 것은 불법이며, 이를 **명예 훼손**이라고 해요.

@Wibble
팔로워 여러분, 오늘 엄청난 사실을 알려 줄게요. @Sam101은 도둑이에요.

국가 안보를 위해, 어떤 정보는 공유하는 게 불법이에요.

핵무기가 발사되는 비밀 암호는….

-뉴스 속보-

하지만 때때로 권력자들은 대중의 비판을 피하거나 부정 거래를 숨기는 등, 자신들만의 이익과 목적을 위해 언론의 자유를 제한하고 싶어 하죠.

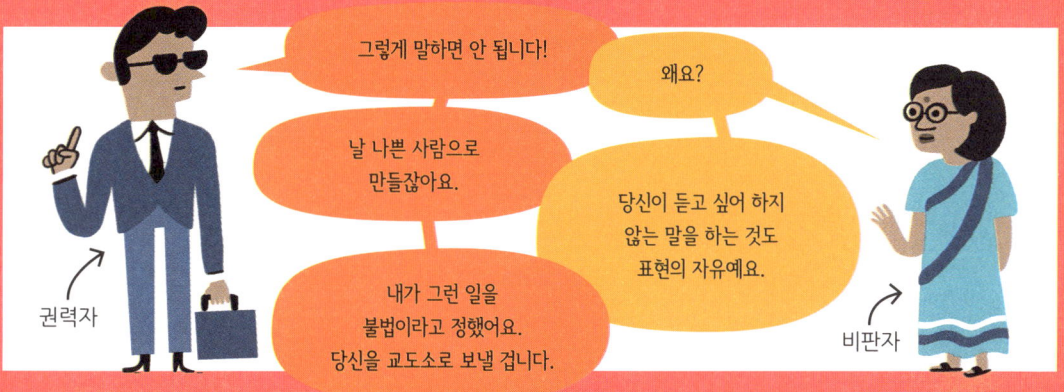

그렇게 말하면 안 됩니다!
날 나쁜 사람으로 만들잖아요.
내가 그런 일을 불법이라고 정했어요. 당신을 교도소로 보낼 겁니다.
왜요?
당신이 듣고 싶어 하지 않는 말을 하는 것도 표현의 자유예요.

← 권력자
비판자 →

그 사람을 가두면 안 돼요!

언론인과 인권 단체들은 인권 침해를 밝혀내고 널리 알리기 위해 노력해요. 정부에 압력을 주는 거죠. 그러면 정부가 권력자를 비판하는 사람들을 비밀리에 잡아 가두지 못하도록 하는 데 도움이 돼요.

81

권리를 행사하는 일

법이 우리의 권리를 보호해 주긴 하지만, 현실에서 어떤 사람들은 자신들의 권리에 접근하는 데 다른 사람들보다 더 많은 장벽에 부딪혀요.

근무 시간이라 모임에 참석할 수가 없어요.

학부모 모임 일정 조정
10월 8일
목요일 오후 2시
3층 도서관

우리 유대교 최대 명절 기간이라 나도 못 가요.

엘리베이터가 없어서 올라가기 힘들 것 같은데요.

학부모들이 모임에 참석하는 걸 힘들게 만들려고 *의도한* 것은 아닐 거예요. 하지만 여기에서 **차별**이 일어났어요. 어떤 사람은 단지 그가 가진 어떠한 면 때문에, 예를 들어 장애가 있다는 이유만으로 부당한 대우를 받아요. 이런 일을 막고 사람들을 보호하기 위해 차별금지법을 두고 있는 나라가 많아요.

1999년 이혼 소송에서, 포르투갈 법원은 아이가 아빠보다는 엄마와 함께 살아야 한다는 판결을 내렸어요.

유럽 인권 재판소는 아이 아빠가 그의 성 정체성 때문에 차별을 받았다고 판결했어요.

문제가 된 것은 아이를 엄마와 함께 살도록 결정한 법원의 판결이 아니라, 그런 판결을 내린 *이유*였어요.

법원은 내가 어떤 남자와 연인 관계를 맺고 있기 때문이라고 말했어요. 하지만 저는 유럽 인권 재판소에 항소할 겁니다.

현재 포르투갈에서는 이혼 소송에서 부모의 성 정체성을 고려하는 것은 불법이에요.

여러 가지 장벽

만약 여러분이 *이런저런* 이유로 차별을 받는다면 어떨까요?
사실 이는 많은 사람이 겪는 일이에요.
법은 그런 사람들을 보호하기 위해 노력해요.

구인 광고
3세와 5세 아이를 돌볼 캐나다인 여성 보모 구함.

나는 캐나다 사람이 아니니까, 이 구인 광고는 두 가지 이유로 나를 차별하는 거야.

때로는 여러 가지 이유가 합쳐져서 완전히 새로운 종류의 차별을 만들어 내요.

죄송하지만, 가게 직원은 머릿수건을 쓸 수 없다는 것이 우리 회사의 방침입니다.

전 비이슬람교도이고, 여자예요. 그 방침은 저를 차별하지 않아요.

전 이슬람교도이고, 남자예요. 그 방침은 제가 여기서 일하는 걸 막지 않아요.

그 방침 때문에 저는 명확하게 차별받고 있어요. 이슬람교도도 괜찮고 여자인 것도 괜찮지만, 이슬람교도인 여자이기 때문에 안 되는 거예요.

이처럼 여러 개의 차별적인 측면이 서로 교차할 때, **교차 차별** 또는 중첩된 차별이라고 말해요.
법률가들이나 법원에서는 아직까지 교차 차별 문제를 해결하는 방법을 찾지 못했어요.

교차 차별로부터 국민들을 보호할 수 있는 특별한 법률이 꼭 필요할까요?

성별이나 종교 때문에 누군가를 차별한다면 이미 법을 위반한 거잖아요?

네, 하지만 이런 경우에는 차별을 증명하기가 힘들어요. 모든 이슬람교도나 모든 여성을 차별하지는 않기 때문이에요. 그래서 특별한 법률이 없으면 이 사건을 법정에서 다투기 힘들어요.

권리를 위한 투쟁

오늘날에는 많은 권리를 법으로 보호하고 있어요. **사회 운동가**, 즉 변화를 일으키기 위한 활동을 하는 사람들 덕분이죠. 1990년대 영국의 사회 운동가들은 공공장소에서 차별받는 장애인을 보호할 수 있도록 새로운 법을 요구하는 운동을 벌였어요. 그 사람들이 어떤 일들을 했는지 살펴보세요.

시위

시위란 사람들이 의사를 표현하기 위해 단체로 모이는 것을 말해요.
시위를 하는 건 인권에 속해요.

우리는 버스 탈 권리를 원한다!

당장 승강기를 설치하라!

저도 다른 사람들처럼 이동하고, 물건을 사고, 일을 해야 해요. 하지만 그런 장소들은 저처럼 이동이 불편한 장애인을 위해 설계되지 않았기 때문에 무척 힘들어요.

우리에게 자선이 아닌 권리를 주세요!

버스 정류장

모든 시위가 대규모 집회 형태로 벌어지는 것은 아니에요. 그러나 작은 행동들이 변화를 일으킬 수도 있어요.

버스에 경사판이 없어서 탈 수가 없어요. 하지만 운수업자들은 경사판을 설치하지 않을 거예요. 그 사람들은 장애인이 버스를 타고 싶어 한다는 증거가 없다고 말해요.

그래서 우리는 증거를 보여 주기 위해, 버스를 탈 수 없는데도 줄을 서 있어요.

우리를 장애인으로 만드는 것은 실천력 부족과 차별이지, 우리 몸이 아니에요.

인식 높이기

법을 바꾸려면 계속해서 그 문제에 대해 이야기하고 알려서, 사람들의 태도를 변화시켜야 해요.

자유 평등 장애

차별을 겪는 사람들의 경험을 이해하고, 그 사람들을 돕기 위해 활동하는 지지자들도 있어요.

저는 이런 상황을 개선할 수 있는 방법을 배우기 위해 대학에서 장애학 과정을 수강하고 있답니다.

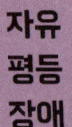

법을 시험대에 올려요

때때로 시위를 벌이는 사람들은 자신들의 주장을 강하게 펼치기 위해 법을 위반하는 위험을 무릅쓰기도 해요. 이것을 **시민 불복종**이라고 해요.

서로 힘을 합쳐요

대부분의 인권 운동 뒤에는 그 운동을 지원하는 다양한 단체들이 있어요.
함께 시위를 조직하고, 청원 서명을 모으고, 법에 맞서기 위해 변호사 비용을 대고,
정치인들에게 압력을 가하는 등 여러 가지 활동을 하지요.

몇 년간의 운동 끝에 1995년 영국에서 '장애인 차별 금지법'이 통과되었어요.
이 법에 따라 직장이나 공공장소는 모든 사람이 편하게 이용할 수 있도록 적절한 변화가 필요해졌어요.
하지만 변화는 더뎌요. 아무리 많은 경사판이 설치되고 사고방식이 바뀌더라도,
여전히 개선할 점이 남아 있어요.

위협받는 권리들

전 세계적으로 인권이 존중받지 못하는 경우는 아직 많아요.
변화를 이루기 위한 한 가지 방법으로, 문제를 발견하고 목소리를 내는 일을
들 수 있어요. 그럴 때 주의해야 할 점들을 살펴보세요.

우리 대 그들

언론인, 정치인, 정책 결정자들은 때때로 사람들을 '우리'와 '그들'로 나누어요.
이것은 일부 사람들의 권리가 다른 사람들의 권리보다 더 중요해 보이도록 만들고,
차별을 정당화해요. 영국 신문의 머리기사를 예로 들어 볼게요.

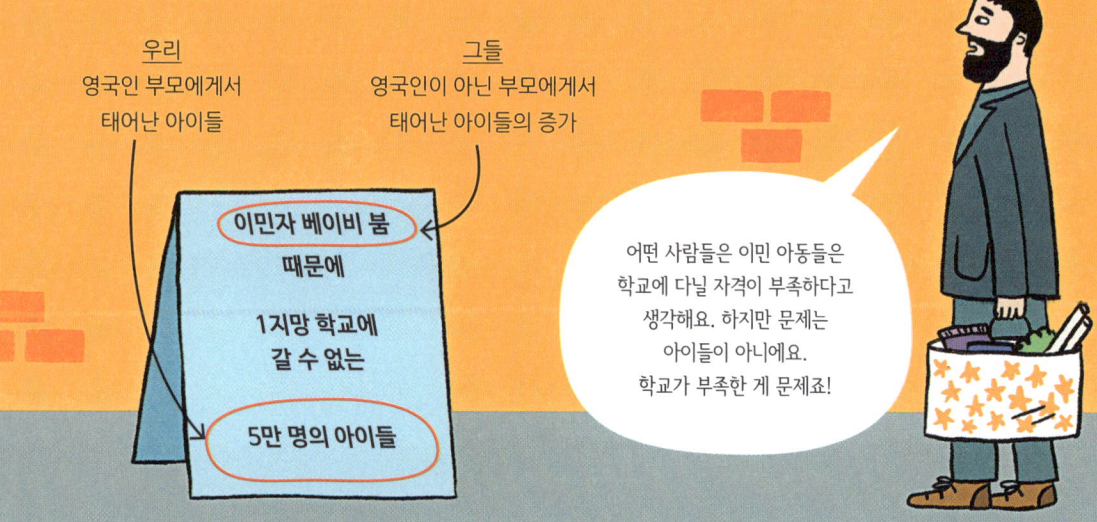

고르고 선택하기

정부는 특히 위기 상황이 닥치면 어떤 인권이 다른 인권보다 더 중요하다고 결정할지도 몰라요.
예를 들어, 테러 공격이 일어나면 경찰은 사람들을 체포하고 오랫동안 가두어 둘 수 있는 권한을
평소보다 더 많이 가지게 될 거예요.

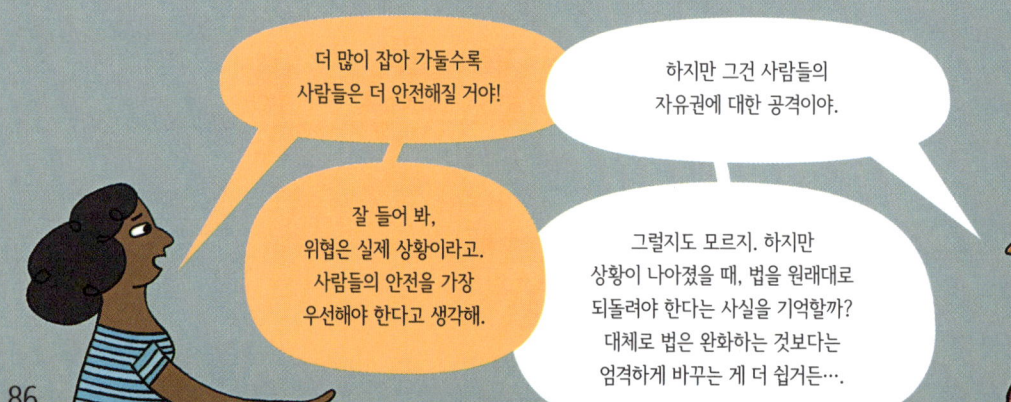

행동에 나서기

만약 여러분이 문제를 발견한다면, 다음과 같은 행동을 할 수 있을 거예요.

- [ ] **사실을 알아내요**
  변화를 일으키려면 문제를 이해해야 해요. 뉴스 누리집과 같이 신뢰할 수 있는 곳에서 사실을 찾아보세요. 단, 여러분이 읽거나 듣는 모든 것이 다 진실은 아니며, 그저 어떤 한 사람의 의견일 수도 있다는 점을 기억하세요. 특히 소셜 미디어에서는 더 조심해야 해요.

- [ ] **도움을 주어요**
  이미 문제를 해결하고자 나선 자선 단체나 조직이 있는지 알아보세요. 후원금 모금을 돕거나, 그 단체의 주장을 공유하고 널리 퍼뜨리거나, 시간을 내어 봉사 활동을 할 수도 있어요.

- [ ] **의원에게 편지를 써요**
  지역 정치인에게 연락해 여러분의 의견을 알려 주어요.

- [ ] **언론에 이의를 제기해요**
  언론이 한쪽으로 치우친 이야기를 하고 있나요? 의견을 사실처럼 말하고 있진 않나요?

  > 친애하는 편집장님, 불만스러운 점이 있어서 편지를 써요…

- [ ] **목소리를 내요**
  주변 사람들과의 대화를 통해 인권을 보호하고 확대해요.

  > 공손하고 예의 바르게 행동하는 걸 잊지 마세요. 그러면 사람들이 여러분의 목소리에 귀를 기울일 거예요.

세상을 바로잡는 것은 변호사나 판사, 정치인들만의 일이 아니에요. 불의, 폭력, 차별에 맞서서 목소리를 내고, 사람들의 권리가 존중받도록 만드는 것은 우리 모두의 몫이에요.

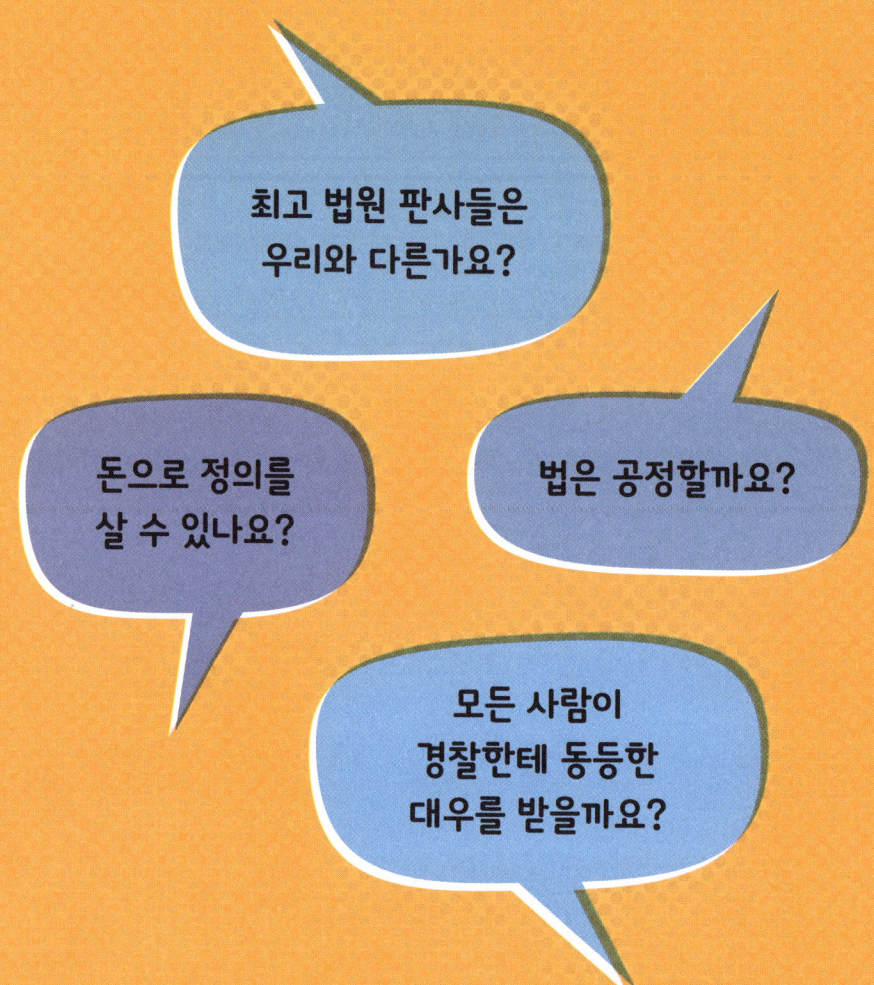

제6장
정의

사람들은 '법'과 '정의'를 함께 말할 때가 많아요.
법의 핵심은, 모든 법 조항과 재판, 변호사와 검사,
판사들을 통해 결국 정의를 실현하는 거예요.
하지만 실제로 정의란 무엇을 의미할까요?

그리고 모든 사람은, 누구나 똑같이
정의에 다가갈 수 있을까요?

정의란 무엇일까요?

정의는 공정한 것을 뜻해요. 정의가 실현되었을 때, 사람들은 도덕적으로 옳은 일이 이루어졌다고 느낄 때가 많아요. 하지만 정의라는 말에는 몇 가지 다른 의미가 더 담겨 있답니다.

예를 들어, 멜리아라는 이 소녀에게 정의란 무엇일까요? 멜리아와 엄마 이멜다는 화학 물질을 배출하는 커다란 공장 근처에서 살아요. 이 공장에서는 엄청난 양의 매연을 내보내요.

"멜리아는 오염된 공기 때문에 심각한 병에 걸렸어요."

"항상 가슴이 조이는 느낌이 들어요. 그래서 전 매일 약을 먹어야 해요."

잘못을 바로잡는 일

정의가 '나쁜 일이 일어난 것에 대한 보상'을 뜻할 때도 있어요.

정의를 얻기 위해, 이멜다는 그 공장을 운영하는 회사를 법정에 세울 수 있었어요.

"회사의 잘못을 인정한다는 판결이 나와야 공정할 것 같아."

"그리고 그 회사는 멜리아가 치료를 받을 수 있게 보상금을 지급해야 해. 그래야만 공정해!"

공정한 규칙일까요?

정의는 또한 '무엇이 옳고 그른지에 대한 일련의 공정한 규칙'이에요.

이 사건에서는, 오염 물질로부터 멜리아를 보호할 수 있는 공정한 규칙이 있어야만 멜리아가 보상금을 받을 수 있어요.

"법을 만드는 사람들은 공장 때문에 사람들이 병들어도 괜찮다고 생각하나요?"

공정한 대우

정의는 또한 '모든 사람이 법 앞에서 평등하다'는 것을 의미해요.

멜리아는 법률 체계 안에서 반드시 공정하게 대우받아야 해요. 보상금의 경우도, 다른 사람들과 똑같은 기회가 멜리아에게도 주어져야 해요.

공정한 확률일까요?

정의의 또 다른 요소는, 어떤 사람이 멜리아처럼 끔찍한 상황에 빠질 확률이 처음부터 다른 사람들보다 더 높지는 않은가 하는 거예요.

판사가 멜리아의 병을 심각하게 받아들일까?

엄마 이멜다는 변호사를 구할 비용이 있을까?

공장을 운영하는 그 회사는 분명히 최고의 변호사를 선임할 여유가 있을 거야.

이곳처럼 가난한 지역에서는 종종 아주 심각한 오염이 발생해요. 이건 공정하지 않아요. 무언가 변화가 필요해요. 우리 아이들은 깨끗한 공기를 마실 자격이 있다고요.

사회 전반에 걸친 정의를 **사회 정의**라고 해요. 우리가 '정의로운 사회'라고 부르는 곳에서는 모든 사람이 살아가면서 동등한 기회를 가져요. 하지만 불행히도 가난이나 인종 차별, 또는 이 두 가지 장애물을 모두 만난 사람들은 삶에서 기본적인 것들(좋은 교육에서부터 안전한 가정, 법률 체계 안에서 정의에 이르기까지)을 얻는 데 어려움을 겪을 확률이 더 높아요.

법은 정의로울까요?

대부분의 사람은 법의 목적이 정의를 실현하는 것이라는 생각에 동의할 거예요.
하지만 늘 정의가 이루어지는 건 아니에요. 때때로 법이 불평등을 낳기도 해요.

대하는 태도나 대우가 달라요

법 중에는 어떤 특정한 사람들의 삶을 더 어렵게 만드는 법도 있어요.
이처럼 법률로 작성된 직접적인 차별은 전 세계에서 조금씩 줄어들고 있어요.
하지만 최근까지도 차별을 하거나 차별을 허용하는 법이 아주 많이 남아 있었어요.

2018년까지 사우디아라비아에서 여성은 운전을 할 수 없었어요.

1970년까지 영국에서는 똑같은 일을 해도 법에 따라 남성이 여성보다 더 많은 보수를 받을 수 있었어요.

1930년대에 히틀러는 독일에 사는 유대인들의 재산 소유나 사업 운영을 금지하는 법을 도입했어요.

1965년까지 미국에서 가난한 흑인들은 투표를 할 수 없었어요.

2021년이 될 때까지 성전환을 한 사람은 미군에서 복무할 수 없었어요.

2019년에 인도는 새로운 법을 만들어 많은 이민자에게 시민이 될 수 있는 권리를 주었지만, 이슬람교도는 제외했어요.

동성애는 지금도 10개 이상의 나라에서 사형 선고를 받을 수 있어요.

사람마다 부담이 달라요

어떤 법은 사람들의 조건이 똑같지 않은데도 모두에게 똑같이 적용돼요.
예를 들어, 많은 나라에서 사람들은 어떤 제품을 살 때마다 법에 따라 정부에 돈(세금)을 내야 해요.

난 방금 이 텐트를 샀어.
그런데 텐트를 살 때 세금으로 20파운드를 내야 해.

나도 그래!
빨리 캠핑 가고 싶어.

난 세금 내는 방식이 공정하지 않다고 생각해.

세금에 대해서는 생각해 본 적이 없는데. 모든 사람이 똑같이 지켜야 하는 법이니까 공정한 거 아냐?

나에게는 20파운드를 더 냈다는 사실이 중요해. 남은 돈이 별로 없거든.

오, 알겠어. 그런데 돈도 많지 않다면서 텐트는 왜 사는 거야?

왜냐면 가진 돈이 없더라도 누구나 즐거움을 누릴 자격이 있기 때문이지.

음 그래. 네가 한 말이 무슨 뜻인지 알겠어.

아직 부족해요

어떤 사람들은 불의와 맞서 싸우는 데 도움이 되는 중요한 법이
아직 *없다*고 생각해요.

모든 사람에게 동일한 교육을 제공하도록 하는 새로운 법이 필요해요. 만약 부유한 아이들이 계속해서 더 좋은 것을 누린다면, 부유한 가정과 가난한 가정의 격차가 좁혀지지 않을 거예요.

기후 위기를 일으키는 나라들이 끔찍한 피해를 받는 가난한 나라들에게 돈을 지급하도록 하는 국제법을 만들어야 해요.

노예 조상을 둔 흑인들에게 미국 정부가 보상금을 지급하도록 하는 새로운 법이 필요하다고 생각해요. 노예 제도는 많은 흑인 가정을 몇 세대에 걸쳐 불리한 처지에 놓이게 만들었어요.

이와 같은 법들은 충분히 많은 사람의 지지를 받는다면 만들어질 수 있어요. 무엇이 세상을
더 정의롭게 하고, 어떤 법이 그 일을 도와줄 수 있는지 지속적으로 토론하는 것은 매우 중요해요.

법률 체계는 정의로울까요?

정의를 실현하기 위해서는 법이 올바르게 적용되어야 해요. 이는 경찰에서 법원까지, 법률 체계 안에서 일하는 모든 사람이 다 함께 지켜야 하는 일이에요. 다음 상황을 보며 불평등이 있는지 찾아보세요. 만약 법률 체계와 마주친 사람이 다음과 같다면 어떨까요?

유능한 변호사를 선임할 가능성이 높을까요?

96~97쪽에서 자세히 알아보세요.

판사가 유리한 판결을 내릴 확률이 높을까요?

판사가 날 도와줄 수 있을 거야. 우리 삼촌의 친구거든.

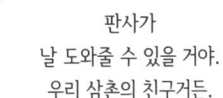

편견이나 고정 관념 때문에 판사나 배심원들이 불리한 판결을 내릴 확률이 높을까요?

배심원들은 남자 친구가 저를 공격했다는 걸 믿지 않았어요.

그 사람들은 아마 여성을 다치게 하는 건 낯선 사람들뿐이라고 생각했을 거예요.

하지만 그건 사실이 아니에요.

저도 아니란 걸 알아요. 하지만 많은 사람이 그렇게 믿어요.

그 사람이 민사 소송을 쉽게 제기할 수 있다면 어떨까요?

누군가가 블로그에 나에 대한 거짓말을 가득 써 놨어.

나도 그런 일이 있었어!

그건 명예 훼손이야. 나는 그 사람을 법정에 세워서 5만 달러의 손해 배상금을 받아 냈어.

우아! 네가 그런 일을 할 줄은 몰랐어.

우리 아빠가 변호사라서 어떻게 대처해야 할지 알려 주셨거든. 거짓 글이 올라오자마자 빨리 조치를 취해야 해.

나도 누군가 도와주었으면 좋았을 텐데. 지금 내가 뭔가 하기엔 너무 늦은 것 같아.

만약 여러분이 살고 있는 나라나 지역의 법률 체계가 특정한 사람들을 차별한다면, 87쪽과 116~117쪽에서 그에 대한 대처 방법을 알아보세요.

비록 모든 법적 소송은 공정해야 하지만, 가끔은 잘못될 수도 있어요. 실수를 바로잡는 것은 고등 법원의 역할이에요(28~29쪽을 보세요). 하지만 법률 체계가 잘못 작용할 확률이 사람에 따라 달라지면 안 돼요.

정의의 대가

법은 복잡해요. 모든 것을 제대로 알고 처리하려면 대부분의 사람은 변호사의 도움이 필요해요. 하지만 변호사를 선임하는 비용은 아주 비싸요. 게다가 변호사가 가장 필요한 사람일수록 변호사를 둘 여유가 가장 없는 사람들일 때가 많아요.

집주인이 날 집에서 내쫓으려고 자물쇠를 바꿔 버렸어요. 나는 여기서 10년이나 살았고, 아무 잘못도 하지 않았어요.

변호사는 이 사람이 그 집에서 계속 살 수 있어야 한다고 판사를 설득할 거예요.

나는 학습 장애가 있어서 일상적인 일을 하는 데 도움이 필요해요. 그래서 독립해서 사는 데 필요한 지원금을 신청했지만, 정부는 이를 거절했어요.

변호사는 정부가 사샤에게 **수당** 또는 **보조금**이라고 불리는 재정 지원을 해 주어야 한다고 판사를 설득할 거예요.

제 이름은 일한이에요. 전 직장에서 해고를 당했어요. 제가 이슬람교도라는 게 마음에 들지 않았던 것 같아요.

변호사는 일한의 고용주가 그를 차별했다는 것을 증명하고, 일한이 보상금을 받도록 도울 수 있어요.

제가 저지르지도 않은 범죄로 고소를 당했어요.

변호사는 법정에서 이 사람을 변호하고, 무죄가 증명될 수 있게 도울 수 있어요.

저는 변호사입니다. 시간당 이만큼의 비용을 내셔야 합니다.

그럴 형편이 안 돼요. 저는 병원 청소부인데, 그렇게 많이 벌지 못해요.

저도 마찬가지예요. 제 모든 수입은 집세, 공과금 그리고 식료품을 사는 데 들어가요.

저도 똑같아요.

저도요. 그럼 우린 어떡하죠?

법률 구조

어떤 변호사들은 경제적으로 어려운 사람들을 위해 **프로보노**(라틴어로 '공익을 위하여'라는 뜻)라고 불리는 무료 법률 서비스를 제공해요. 또는 의뢰인이 재판에서 승소했을 때에만 비용을 받는 경우도 있어요. 법적인 지원에 드는 비용을 정부에서 대 주는 나라도 많은데, 이런 제도를 **법률 구조**라고 해요.

이런 제도가 있으면 도움이 될 것 같아요. 하지만 정부의 지원으로 법률 구조를 받는 사람은, 변호사 선임 비용을 스스로 지불할 능력이 있는 사람보다 여전히 더 불리한 경우가 많아요.

이는 법률 구조 일을 하는 변호사들이 다른 변호사들에 비해 보수도 훨씬 적고, 너무 많은 사건을 떠맡을 때가 많기 때문이에요.

저는 정말 모두를 돕고 싶어요. 온종일 열심히 일하고 있지만, 맡은 사건이 너무 많아서 일일이 신경 쓰지 못할까 봐 걱정이에요.

제가 선택할 수 있는 변호사는 많지 않아요. 법률 구조의 적은 보수를 받고 일할 사람들 중 한 명일 테니까요. 그 변호사가 유명한 변호사들만큼 잘하면 좋으련만!

전 소송이 시작되기 전에 법률 구조부터 신청해야 해요. 이 말은 정부에 수많은 서류를 보내야 한다는 뜻이죠. 스트레스도 심하고 시간도 오래 걸리는 일이에요.

모든 사람이 법률 구조를 받을 수 있는 건 아니에요. 비용 절감을 위해 정부가 법률 구조 예산을 삭감할 때도 많아요. 예를 들어, 2013년에 영국 정부는 복지 관련 소송에 대해선 대부분 법률 구조 지원을 중단했어요.

아… 돈을 받아야 하는데, 그 돈을 받기 위해 쓸 돈이 없으니….

이것은 경제적으로 어려운 사람들이 정당한 대우를 받을 확률이 언제나 낮다는 뜻일까요? 여러분의 생각은 어떤가요?

법의 집행

경찰은 법을 집행하는 일을 해요. 하지만 미국에서는 매년 수백 명의 사람이 경찰에게 목숨을 잃어요. 게다가 더욱 심각한 사실은, 흑인이 경찰에게 목숨을 잃을 가능성이 백인의 경우보다 3배나 높다는 거예요. 도대체 어떻게 된 일일까요? 그리고 어떤 대책이 필요할까요?

왜 경찰이 사람을 죽이는 거죠? 우리를 지켜 줘야 하는 것 아닌가요?

음, 때로는 우리 자신이나 다른 사람들을 보호하기 위해 살상 무기(누군가의 목숨을 빼앗을 수 있는 무기)를 사용할 필요가 있습니다.

그럼 어떤 사람이 매우 위험하게 행동한다면, 경찰관에게 그 사람을 죽일 권한이 있다는 말인가요?

음, 실제로 법에는 만약 우리 생각에 누군가 위험해질 것 같다면 살상 무기를 사용할 수 있다고 되어 있어요.

생각이라고요? 경찰관들은 행동을 결정하기 전에 얼마나 오랫동안 생각하나요?

우리는 아주 빠르게 결정을 내려야 해요. 어떨 때는 상황을 파악하고 총을 발사하는 데 단지 몇 초밖에 걸리지 않아요.

아주 짧은 시간 동안 사람을 판단한다는 건 정말 무서운 일이에요! 나는 인종 차별로 일부 경찰관들이 흑인을 더 위험하다고 보는 것 같아 무서워요!

맞는 말이에요. 인종 차별은 우리 주변 어디에나 있죠. 모든 사람의 마음속에도 있고요. 게다가 그런 태도는 특히 아주 긴장했을 때 나타나죠.

경찰관은 실제로 위험이 없는데도 위험하다고 생각할 수 있어요. 누군가가 휴대 전화를 꺼내려고 하는 걸 무기를 꺼내려고 한다고 착각할지도 모르잖아요.

가끔은 그런 일이 일어날까 봐 두려워요.

정말 속상하고 화가 나는군요.

이와 같은 일은 미국만의 문제는 아니에요. 많은 나라에서, 경찰이 흑인에게 살상 무기를 사용할 가능성이 훨씬 더 높아요. 그리고 경찰관이 누군가를 죽게 했을 때, 그 경찰관이 유죄 판결을 받는 경우는 드물어요.

정의를 위한 투쟁

많은 사람이 이러한 상황에 격분했고 미국에서는 큰 항의 시위가 빈번하게 일어났어요. 시위에 나선 사람들이 외치는 정의란 정확히 무엇을 의미할까요?

흑인의 생명을 보호하라!

정의란 흑인의 목숨도 백인의 목숨만큼 가치 있게 여기는 것을 뜻해요.

폭력 경찰을 처벌하라!

정의는 죽음을 당한 사람들을 기억하고 기리는 것을 뜻해요.

이들에게 정의를!

- 샌드라 블랜드
- 조지 플로이드
- 라콴 맥도널드
- 마이클 브라운
- 에릭 가너
- 필란도 카스티야
- 브론나 테일러
- 타미르 라이스
- 앨튼 스털링
- 프레디 그레이
- 월터 스콧
- 자마르 클라크
- 스테판 클라크

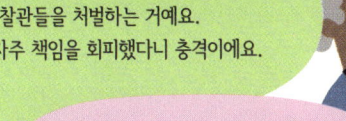
정의란 흑인에게 과도하고 불필요한 무력을 사용한 경찰관들을 처벌하는 거예요. 경찰이 그렇게나 자주 책임을 회피했다니 충격이에요.

나는 정의가 법을 바꾸는 거라고 생각해요. 살상 무기를 그렇게 자주 사용하는 것이 어떻게 합법일 수가 있죠?

만약 경찰관들이 매번 처벌을 받게 된다면, 다른 경찰관들의 폭력 행위도 막을 수 있을 거예요.

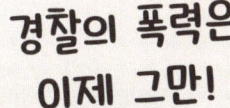
경찰의 폭력은 이제 그만!

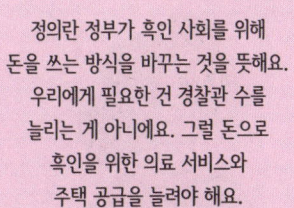
Black Lives Matter
*'흑인의 목숨도 소중하다'는 뜻으로, 흑인 민권 운동의 구호.

나에게 정의란, 이러한 일이 절대 일어나지 않도록 만드는 것을 의미해요. 우리는 모든 형태의 인종 차별에 맞서 싸워야 해요.

정의란 정부가 흑인 사회를 위해 돈을 쓰는 방식을 바꾸는 것을 뜻해요. 우리에게 필요한 건 경찰관 수를 늘리는 게 아니에요. 그럴 돈으로 흑인을 위한 의료 서비스와 주택 공급을 늘려야 해요.

누가 힘을 가지고 있나요?

판사에게는 큰 힘이 있어요. 하지만 많은 나라, 많은 지역에서 판사들은 인종, 성별, 종교, 성 정체성, 장애, 가정의 경제력 등 사회의 다양성을 제대로 반영하지 못해요. 그런데 다양성이 왜 중요할까요?

나는 나와 비슷한 판사가 훨씬 좋아. 그렇지 않다면 판사가 나에 대해 편견을 가질까 봐 걱정하게 될 거야. 그 때문에 내가 억울하게 유죄 판결을 받을지도 모르지!

판사는 공정해야 해. 그리고 판사들은 법에 적힌 대로 따르지. 그런데도 정말 차별이 생기는 걸까?

하지만 법에도 회색 지대가 있어. 그리고 그런 지점에서는 판사들의 인생 경험이 확실히 판결에 영향을 주지.

하지만 어떤 판사 주위에 다양한 배경을 가진 다른 판사들이 있다면, 각기 다른 관점으로 서로 의견을 주고받을 수 있어.

하지만 그게 문제야! 나처럼 입고 나처럼 말하는 판사는 사실 거의 없어. 그래서 나는 어떤 제도든 나를 위한 것은 아무것도 없다는 느낌이 들어.

이런! 사람들이 그렇게 느끼는 건 우리 사회에 좋지 않아.

맞아. 난 법이 계약과 비슷하다고 생각해. 일반적으로 사람들은 법을 지키고, 법률 체계는 그 대가로 어떤 문제든 처리해 주지.

그런데 이런 게 우리에게 소용없다면, 왜 우리는 법을 지키려고 하는 거지?

글쎄, 나도 가끔 그게 궁금해.

가장 영향력 있는 판사는 대법원에서 일하는 판사예요. 대법원에서는 아주 복잡하고 중요한 사건에 대한 판결을 내려요. 하지만 이처럼 매우 중요한 곳인데도 다양성은 가장 낮아요. 예를 들어, 다음은 모두 2020년에 실제 볼 수 있었던 모습이에요.

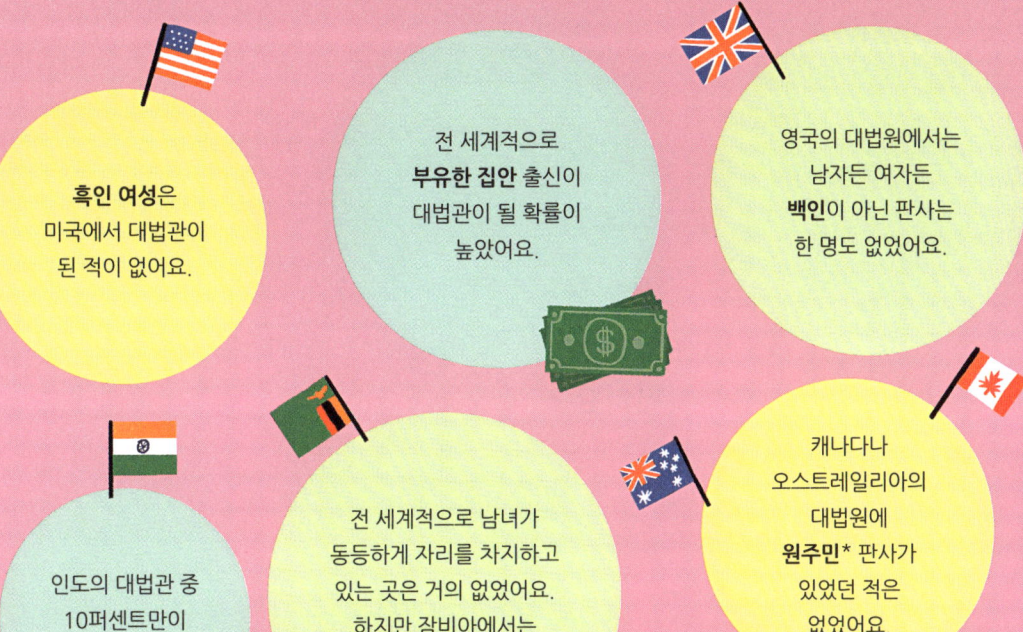

흑인 여성은 미국에서 대법관이 된 적이 없어요.

전 세계적으로 **부유한 집안** 출신이 대법관이 될 확률이 높았어요.

영국의 대법원에서는 남자든 여자든 **백인**이 아닌 판사는 한 명도 없었어요.

인도의 대법관 중 10퍼센트만이 **여성**이었어요.

전 세계적으로 남녀가 동등하게 자리를 차지하고 있는 곳은 거의 없었어요. 하지만 잠비아에서는 대법관의 절반 이상이 **여성**이었어요.

캐나다나 오스트레일리아의 대법원에 **원주민*** 판사가 있었던 적은 없었어요.

* 원주민: 유럽인들이 정착하기 훨씬 전부터 그곳에서 살아온 사람들을 말해요(39쪽을 보세요).

판사 되기

판사가 되는 방법은 나라마다 달라요. 어떤 지역에서는 처음 여러 해 동안 변호사로 먼저 일해야 해요. 다른 지역에서는 바로 판사가 되는 훈련을 받을 수도 있어요. 법률회사 또는 정부에서 다양한 배경을 가진 학생들이 법을 공부할 수 있도록 장려하는 제도를 시행한다면 판사들의 다양성을 높일 수 있을 거예요.

이 사람은 미국 워싱턴주의 판사 그레이스 헬렌 화이트너예요.

이 사람은 영국의 판사인 라빈데르 싱이에요.

나는 동성애자이자 여성, 흑인, 장애인, 이민자 출신 판사예요.

법조계에서 아직 대변하지 못하는 배경을 가진 젊은 학생들을 지원하고 지도하는 것이 매우 중요해요.

사람들이 다양한 모습의 판사들을 보게 된다면, 각각 다른 사회적 배경을 가진 사람들도 자신들 역시 판사가 될 수 있을 거라고 생각할 거예요.

왜 어떤 사람들은
폭력적일까요?

사람들의 안전이 중요할까요,
사생활 보호가 더 중요할까요?

변호사는 어떤 사람이
유죄라는 사실을 알고도
변호를 할까요?

제7장
중요한 질문들

우리의 법률 체계는 수 세기 동안 존재하고 있었지만,
여전히 명확한 답을 내리지 못하는 중요한 질문들이 있어요.

이 장에서는 "교도소는 효과가 있을까?"처럼
여러분이 궁금해할 몇 가지 질문과,
"강에도 권리가 있을까?"와 같이
여러분이 미처 생각하지 못한 다른 질문들도 함께 살펴볼 거예요.

어떤 법이 인간과 환경을 보호하기에 가장 좋은 법인지에 대해
모든 사람의 의견이 일치하는 건 아니에요.
여러 주장을 읽고 여러분 스스로 판단을 내려 보세요.

교도소는 효과가 있을까요?

전 세계의 교도소에 범죄자들이 갇혀 있지만,
교도소가 실제로 효과적인지에 대해서는 의견이 분분해요.

교도소는 사회 모든 구성원의 안전을
지키는 방법 중 하나라고 말해요.
하지만 정말 그럴까요?

교도소는 누군가 범죄를 저질렀을 때
공정한 처벌이 될 수 있어야 해요.
하지만 정말 그럴까요?

> 교도소는 사람들을 안전하게 지켜 줘요!
> 몹시 위험한 사람들을 사회로부터 격리시켜
> 해를 끼치지 못하게 하니까요.

> 누군가 날 공격했어요. 나는 그 이후
> 몇 달 동안 너무 무서워서 밖에 나갈 수 없었어요.
> 내 자유를 빼앗겼으니 그 사람의 자유도
> 얼마간 빼앗는 것이 정당하다고 생각해요.

> 하지만 교도소는
> 그 자체로 죄수들과 교도관들에게
> 위험한 곳이 될 수 있어요.

> 전 교도소에 다녀왔어요.
> 하지만 저는 처벌을 두 번 받는 것 같아요.
> 하나는 감옥에 갇혀 있었던 시간이고…

> 특히 교도관이 부족한 상황에서,
> 지나치게 많은 죄수를
> 수용해야 할 때 그렇죠.

> …또 이제는 교도소에 다녀왔다는 이유로
> 일자리를 구하기 힘들 테니까요.

> 알겠어요,
> 그럼 교도소가 모든 사람을
> 안전하게 지켜 주는 건
> 아니라는 거군요?

> 저 역시 벌을 받았다고 생각해요.
> 아무도 다치게 하지 않았는데도요.
> 전 아빠가 교도소에 갇혀 있는 동안
> 아빠를 거의 만나지 못했어요.
> 이건 불공평해요!

104

교도소가 사람들이 범죄를 저지르는 것을 막아 줄 거라고 말해요.
하지만 정말 그럴까요?

아니요!
전 상황이 너무나 절박해서
법을 어겼어요. 교도소에 갈 거라는
생각조차 저를 막지는 못했어요.

제가 잡힐 거라고 생각하지 않기 때문에
교도소가 두렵지 않아요.
경찰들이 범죄자를 좀 더 잘 잡는다면
모르겠지만요.

사람들은 범죄자들이 더 이상 범죄를 저지르지 않도록 하는 데
교도소가 도움이 될 거라고 생각해요. 정말 그럴까요?

맞아요!
교도소는 제 삶을 바꾸었고
범죄에서 멀어지도록
일깨워 주었어요.

맞아요!
전 폭력적인 가정에서 자랐어요.
교도소에 간 것이 도움이 되었죠.
내 삶을 바꿀 기회를 만났거든요.

맞아요!
난 교도소에서 읽는 법을 배웠어요.
글자를 가르쳐 준 선생님이
있었거든요.

아니에요!
전 10대였을 때 가벼운 범죄로
교도소에 갔어요. 그 안에서 저는
훨씬 더 심각한 범죄를 저지르는
방법을 알게 되었어요!

아니요!
전 교도소에서 난생 처음으로
마약을 하게 되었어요. 그 때문에
제게는 더 많은 문제가 생겼어요.

아니요!
전 교도소에서
어떤 의미 있는 일도
할 기회가 없었어요.

교도소에서 풀려난 사람들의 대략 절반 정도가 또 다른 범죄를 저질러요.
교도소에서 수감자들에게 교육이나 다른 지원을 제공한다면 재범을 저지르는 일은 훨씬 줄어들어요.
그런데 만약 위험하지 않은 죄수라면, 이러한 지원을 교도소 밖에서 제공하는 것이
더 낫지 않을까요(26쪽의 대체 형벌 참고)? 여러분의 생각은 어떤가요?

왜 어떤 사람들은 폭력적일까요?

누군가가 다른 사람을 다치게 했을 때, 본능적으로 정의를 원하게 되죠.
그래서 그 사람을 잡아서 처벌을 해요. 그런데 *왜* 어떤 사람들은 폭력적인 걸까요?
어떻게 하면 폭력 범죄가 일어나지 않게 처음부터 막을 수 있을까요?

폭력적인 범죄자들은 때때로 단순히 누군가를 해치기로 마음먹은 "나쁜 사람들"로 여겨져요.
하지만 연구에 따르면, 힘든 성장 과정을 겪은 사람일수록 폭력적인 성향이 될 확률이 높다고 해요.
그와 관련된 몇 가지 예를 살펴보세요.

가정 폭력

가정에서 폭력을 경험한 아이들은 스스로 폭력을 휘두르는 사람으로 자랄 확률이 더 높아요. 폭력적인 행동을 배우기 때문이에요.

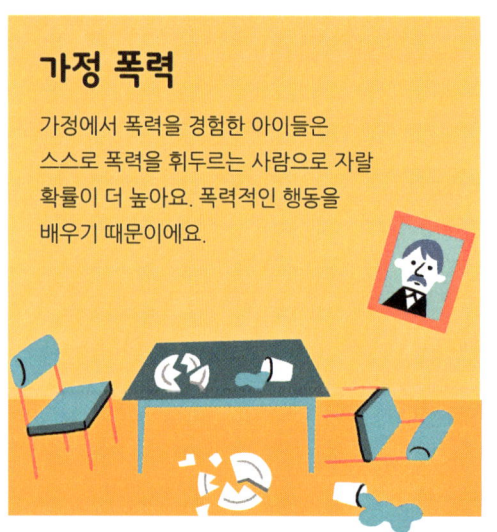

기회 부족

인생에서 선택권을 거의 갖지 못한 사람들은 무시당한 기분이 들고 화가 나면, 그게 폭력으로 이어질 수 있어요. 이는 그 사람들이 글을 배우지 못했거나, 일자리가 없는 황폐한 지역에서 살았기 때문일 거예요.

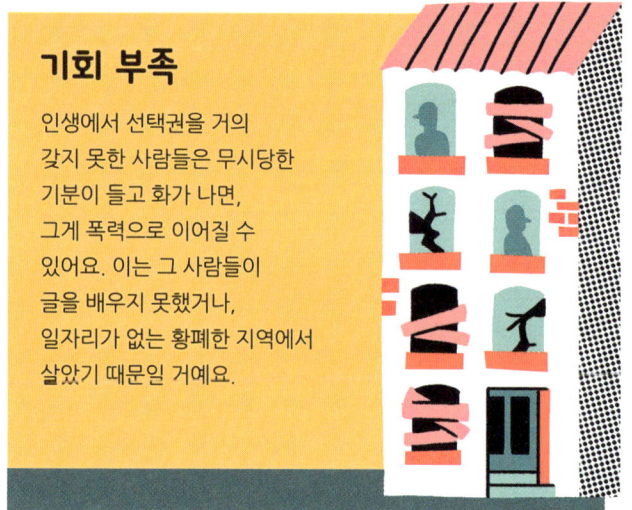

보호자의 방치

부모나 다른 보호자가 신뢰를 주지 않거나 감정을 표현하지 않는 사람이라면, 아이들은 건강한 인간관계를 맺는 방법을 배우기 힘들어요. 가족이 아닌 시설에서 돌보는 아이들은 특히 더 위험해요.

중독

마약이나 술은 사람을 폭력적으로 만들 가능성이 더 높아요. 불안정한 사람, 예를 들어 사랑하는 가족이 없는 청소년들은 마약이나 술에 중독될 확률이 더 높아져요.

이러한 것들을 폭력의 **위험 요인**이라고 말해요.
위와 같은 상황을 경험한 사람들은 폭력적이 되지 않는 게 *더 어렵다고* 생각할지도 몰라요.

하지만 또 다른 사람들은 이런 경험을 하면서도 어떻게 *여전히* 폭력을 피하려고 할까요?
연구에 따르면, 그 사람들의 삶에는 다음과 같은 긍정적인 요소가 있기 때문이라고 해요.

- 긍정적인 어른 롤모델 (존경하는 사람)
- 분쟁을 해결하는 바람직한 기술
- 학교에서 경험하는 성취감

스코틀랜드에서는 2009년 이후 폭력 범죄가 급격히 감소했어요. 폭력을 저지를 위험이 있는 사람들을 도와주는 제도 덕분이었죠.

몇 가지 예를 들어 볼게요.

지원 센터의 직원들이, 싸움을 벌이다가 다친 환자들을 방문해요.

제가 도와드릴 게 있을까요? 제 전화번호를 드릴 테니 이야기를 나누고 싶다면 전화하세요.

나한테 그렇게 물어본 사람은 아무도 없었어요. 이 사람들이 내가 술을 끊도록 도와줄 수 있지 않을까요?

범죄가 많은 지역에 있는 학교에서는 아이들이 자신들의 감정을 잘 관리하고, 갈등을 해결하도록 도와주어요.

어떤 여자아이가 내 셔츠를 보고 비웃었어요.

그때 기분이 어땠니?

조금 슬펐어요.

영국의 항구 도시 글래스고의 한 카페에서는 폭력 범죄로 유죄 판결을 받은 사람들에게 일자리를 줘요.

저는 이 일을 하면서 정상적인 삶으로 되돌아가는 데 필요한 기본적인 것들과 기술을 배워요.

카페에는 저를 도와주는 **멘토**가 있어요. 이분은 저의 훌륭한 롤모델이에요.

이런 식으로 폭력을 줄여 나가는 방법을 **공중 보건** 접근법이라고 해요. 폭력을 단순히 악행에 대한 개인의 선택으로 보는 게 아니라, 사람들 사이에 퍼지는 질병처럼 취급하는 거죠. 이러한 접근 방식을 통해, 법률 체계 밖의 사람들이 문제를 공정하게 해결하는 데 도움을 줄 수 있어요. 정의는 경찰, 변호사, 판사들만의 일이 아니에요.

죄인을 변호하는 일

변호사들은 스스로 어떤 사람이 유죄라고 알고 있으면서도 어떻게 그 사람을 법정에서 변호할까요? 그렇게 해도 되는 걸까요? 법과 관련한 여러 가지 일이 그렇듯, 이에 대한 대답 또한 좀 복잡해요.

예를 들어, 다음과 같은 상황을 상상해 보세요.

위와 같은 일은 절대로 허용되지 않아요. 변호사는 법정에서 거짓말을 할 수 없고, 또한 증인이 거짓 증거를 제시하도록 해서도 안 돼요.
하지만 변호사는 자신의 의뢰인이 정말로 유죄인지 확실하게 알 수 없어요.

반면에 다음과 같은 경우는 허용될 수 있으며, 좀 더 흔하게 일어나요.

제가 그랬다고 생각하시나요?

저는 증거가 당신에게 아주 불리하다고 생각해요. 하지만 이 사건을 맡아서 제가 할 일은 검찰 측이 당신의 유죄를 증명할 수 없음을 보여 주는 거죠.

의뢰인의 유죄를 결정하는 것은 내가 아니야. 배심원단이 할 일이지.

카메라 영상이 너무 흐릿해서 같은 사람이라는 걸 아무도 확신할 수 없다고 주장할 수도 있지.

어쩌면 법정에서, 피해자가 자신이 버스에 들고 탄 가방 안에 노트북이 들어 있었는지 100퍼센트 확신할 수 없다고 인정하도록 만들 수 있지 않을까?

변호사는 배심원들이 의뢰인의 유죄를 확신할 수 있을 만큼 검사 측의 증거가 충분히 강력한지에 집중해요. 즉 *실제로* 범죄를 저지른 "사실상 유죄"보다는 "법률상 유죄"의 여부에 초점을 맞추는 거예요.

모두 절 믿지 않을 때, 법정에서 저를 변호해 주셔서 정말 고마워요.

고마워할 필요 없어요! 변호사들은 누군가가 마음에 들지 않는다거나 유죄일 수 있다는 이유로 변호를 거절할 수 없어요.

정말요? 왜 그런가요?

무죄 추정의 원칙에 따라 누구든 유죄 판결을 받기 전까지는 무죄로 여기기 때문이에요. 따라서 공정한 재판이 이루어지기 위해서는 양측 모두 자기 입장을 주장해 줄 법률 전문가가 필요해요.

범죄를 해결하는 첨단 기술

컴퓨터를 카메라나 감지기에 연결하면 아주 빠른 속도로 정보를 분석하고 어떤 규칙을 찾아낼 수 있어요. 이는 경찰과 보안 기관이 가진 강력한 도구예요. 다음은 현재 사용되고 있는 몇 가지 첨단 기술들이에요.

특수 안면 인식 카메라는 지나가는 사람들의 얼굴을 스캔해, 경찰의 수배자 명단에 있는 사람들과 일치하는지 확인해요.

특수 장치를 장착한 비행기는 휴대 전화 신호를 추적해 용의자를 찾을 수 있어요.

비행기가 날아오르면, 그 지역의 모든 휴대 전화가 장치에 연결돼요. 그러면 컴퓨터로 원하는 휴대 전화의 신호를 찾아 그 위치를 알아내요.

속도 감시 카메라는 과속하는 자동차들을 촬영해요. 그러면 컴퓨터로 자동차 번호판과 일치하는 등록 주소를 찾아내고, 그 주소로 벌금 고지서를 보내요.

보안 기관에서는 컴퓨터를 사용해 사람들의 온라인 활동을 감시하고, 수상한 일이 일어나고 있는 건 아닌지 살펴봐요.

수영장 개장 시간

배트맨과 스파이더맨이 싸우면 누가 이길까?

폭탄 제조 방법 찾아보기

그 대가는 무엇일까요?

이러한 종류의 기술은 사람들이 더 안전하다고 느끼게 해 주어요.
하지만 기술이 점점 강력해지면서 사람들의 **사생활권**이 위협받고 있어요.
법을 어기는 소수의 사람을 잡기 위해, 모든 사람이 감시당하는 게 옳은 일일까요?

내가 너를 안전하게 지켜 줄게.
경찰관들이 언제나, 어디나
있을 수는 없으니, 감시할 눈을
더 많이 만들면 경찰에게도
도움이 될 거야.

하지만 넌 모든 사람의 정보를
마구 기록하고 있잖아.
잘못한 일이 없는 사람들까지도 말이야.
우리 *모두*를 범죄자 취급하고 있잖아!

숨길 게 없다면 뭐가 문제지?

내가 잘못했다고 생각할 만한 이유를
네가 대지 못한다면,
나는 감시당하지 않을 권리가 있어.
창피한 내 모습이 찍히면 어떡해?

걱정하지 마.
만약 네가 잘못한 게 없다면
그 영상을 삭제할 테니.

하지만 널 믿을 수 있을까?
네가 수집하는 정보는 누가 관리하지?
만약 네가 그 정보를 다른 회사에 팔면
어떻게 하지?

글쎄, 넌 네 얼굴을 스캔하고
네 위치를 알고 있는 휴대 전화는 믿고 있잖아.
뭐가 다르지?

음, 너희 둘 다 믿으면
안 될 것 같아!

의회에서도, 법원에서도 이는 까다로운 문제예요. 어떻게 사람들의 사생활을 보호할 수 있을까요?
보안 기관이 수집해도 되는 정보는 어떤 것들일까요? 미국과 유럽의 법원에서는 범죄 용의자를
대상으로 하는 것은 괜찮지만, 모든 사람을 다 감시하는 것은 안 된다고 판결 내리는 경우가 많아요.
예를 들어, 보안 기관이 용의자의 통화 기록을 조사할 수는 있지만,
모든 사람의 전화를 조사하는 것은 허용되지 않아요.

강에도 권리가 있을까요?

만약 나무에서부터 동물들, 강에 이르기까지 자연계가 사람들처럼 권리를 가지고 있다면 어떨까요? 2008년, 에콰도르는 세계 최초로 헌법으로 자연의 권리를 인정한 나라가 되었어요. 이 말은 곧, 법의 관점으로 보았을 때 자연을 해치는 행위는 사람을 다치게 하는 것과 같다는 뜻이에요.

2011년 에콰도르에서, 지방 정부의 일을 맡은 일부 건축업자들이 빌카밤바강에 쓰레기를 내버렸어요. 그러자 강의 대리인들이 건축업자들을 법정에 세웠어요.

쓰레기를 버리면 강물이 범람하고 강가에 사는 사람들이 피해를 입습니다!

어이쿠!

법원은 강의 편을 들어 주었어요. 그 결과, 지방 정부는 강을 청소하고 사과를 해야 했지요.

자연에 법적 권리를 부여하는 것은 그 지역과 깊은 관계를 맺고 있는 사람들의 권리를 존중하는 방법이기도 해요. 140년간의 법정 투쟁 끝에 2017년, 뉴질랜드의 한 마오리족은 황거누이강을 법인(사람은 아니지만 권리와 의무가 있는 법적인 인격체)으로 인정받게 하는 데 성공했어요.

우리는 그 강을 우리 부족의 조상이라고 생각해요. 우리는 700년이 넘도록 강에 의존해서 살아왔어요.

동물들이 집을 소유한다면 어떻게 될까요?

매년 수만 종의 동물이 **멸종**해요.
동물들 앞에 놓인 가장 큰 위협 중 하나는 서식지 파괴로,
이는 오염, 벌목, 건축 때문에 일어나요.

많은 나라에서 동물의 서식지를 보호하는
몇 가지 법을 이미 가지고 있어요.

우리 둥지가 '사람들' 땅에 있더라도,
건드리거나 가져가는 건 대개 불법이에요.

어떤 동물들에게 소유권을 주는 것은 동물을 보호하는 것에서 한 걸음 더 나아간 일이에요.
이는 법적으로 **신탁**(누군가를 대신해 재산을 관리하도록 맡기는 것)이라고 말할 수 있어요.
즉 어떤 땅은 동물에 속하는데, 동물을 위해서 인간이 대신 관리한다는 뜻이죠.

어떤 동물들인가요?

동물들은 오고 가기 때문에, 특정한 종이 아닌
생태계가 땅을 소유하는 거예요.
즉, 그 지역에 사는 생물들의 공동체를 뜻해요.

어떤 사람들인가요?

오직 야생 동물 전문가들만이
신탁 관리를 할 수 있으며,
그 사람들은 엄격한 규칙을 따라야 해요.

난 떠나지만, 우리 가족이
내년에 돌아올 거야!

음, 난 우리 대신
이 땅을 관리할 사람이
누구든 믿기 힘들 것 같아.

어떤 아이디어도 완벽하지 않을뿐더러, 모든 문제를 해결할 수도 없어요.
하지만 사람들은 동물 소유의 땅에 살고 있는 동물들의 이익을 고려해야 돼요.
그건 아마도 인간 소유였을 때와는 다른 방식일 거예요.

나도 변호사가
될 수 있을까요?

어떻게 하면
나의 주장을
잘 펼칠 수 있을까요?

변호사들이
좋은 대통령이
될 수 있을까요?

제8장
이제 무엇을 해야 할까요?

법은 간단하지가 않아요. 사람들이 실제로 따라야 하는 법을
명확하고 공정하게 만드는 일이 때로는 불가능해 보이기도 해요.
하지만 알고 있나요? 복잡하게 얽혀 있는 어려운 문제들 덕분에
법이 그토록 흥미로워진다는 사실을요.

여기에 동의한다면, 이 책을 계속 읽어 나가면서
여러분이 법의 세계를 탐험할 때 할 수 있는 일을 찾아보세요.
어떻게 해야 직접 법을 만들거나 바꿀 수 있는지,
그리고 어떻게 해야 법과 관련된 직업을 가질 수 있는지 말이에요.

본격적으로 뛰어들어 봐요

다음은 여러분이 법에 대해 더 많이 알 수 있고,
또 그 과정에서 유용한 기능도 배울 수 있는 실제적인 방법들이에요.

재판을 참관해요

여러 재판이 일반 시민들에게 공개되어요. 지방 법원에 전화를 해 보거나 누리집에 들어가면 어떤 재판이 진행되고 있는지 알 수 있어요.

치안 유지 활동에 참여해요

지역에 따라 경찰 교육생이 될 수도 있어요. 경찰 교육생이 되면 캠프에 가거나 응급 처치 방법을 배울 수 있고, 지역 행사를 돕거나 경찰 수사를 보조하기도 해요.

규칙을 만드는 일에 참여해요

대개 학교에는 **학생회**가 있어요. 학생회는 학교에서 학생들을 대표하도록 선출된 학생들의 모임이에요. 학생회 활동은 학생들에게 영향을 주는 학교의 여러 문제들에 대해 발언권을 가질 수 있는 한 가지 방법이에요.

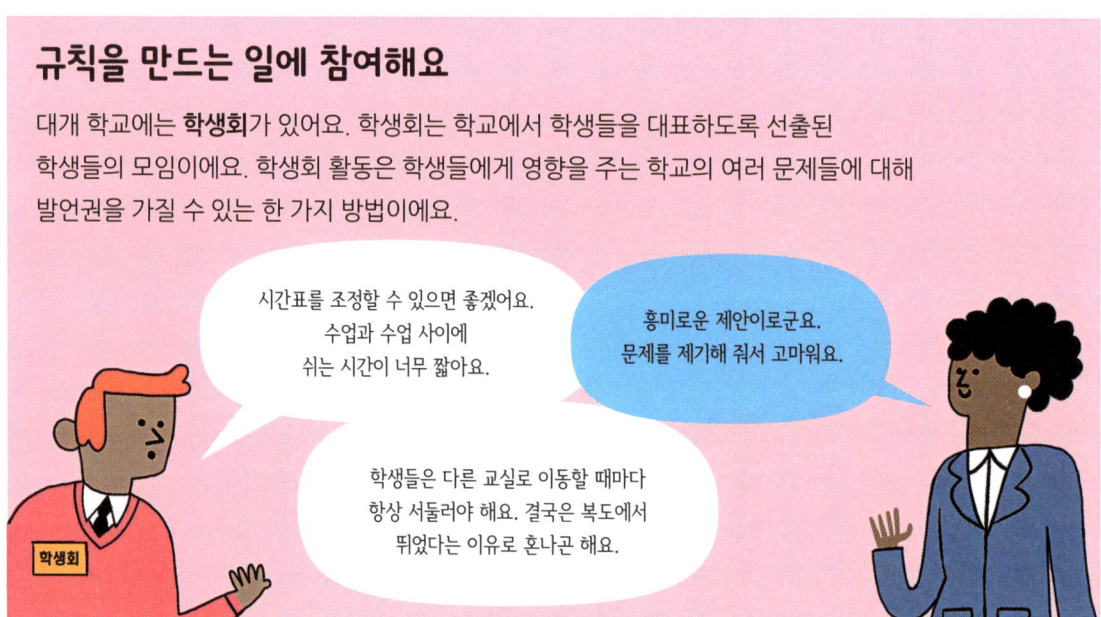

만약 여러분의 학교에 학생회가 없다면, 새로 만들자고 제안할 수도 있을 거예요. 또한 여러분이 직접 학생회 임원이 되고 싶지 않다면, 일을 잘할 것 같은 친구가 뽑힐 수 있게 도울 수 있어요.

법을 바꿔요

법을 개정하기 위해 운동을 벌이는 것도 **캠페인**이라고 해요. 여러분의 관심을 끄는 캠페인을 찾아보세요. 자선 단체나 다른 캠페인 단체의 주장을 공유하거나, 지역의 정치인에게 편지를 써요. 사람들이 원하지 않는 법이 시행되는 것을 막는 활동일 수도 있고, 새로운 법을 도입하거나 현재 있는 법이 좀 더 공정하게 적용되도록 요구하는 활동일 수도 있어요.

여러분이 할 수 있는 일
- 시위를 하러 가요.
- 자선 단체나 다른 캠페인 단체의 주장을 공유해요.
- 지역의 정치인에게 편지를 써요.

토론하는 법을 배워요

토론이란 특정한 주제에 대해 체계적으로 논쟁을 벌이는 것을 말해요. 두 팀으로 나눠 각각 반대되는 주장을 펴요. 발언 시간은 똑같이 주어지며, 자기 팀이 더 설득력 있어 보이도록 만들어야 해요. 토론을 하면 좋은 점은 다음과 같아요.

- 문제를 여러 각도에서 바라볼 수 있어요.
- 문제에 대해 자기 의견을 낼 수 있어요.
- 조사 능력을 기를 수 있어요.
- 사람들 앞에서 말할 수 있어요.
- 왜 그렇게 생각하는지 설명할 수 있어요.

이것들은 변호사, 정치인, 사회 운동가들에게 꼭 필요한 능력들이에요. 학교에 토론 동아리가 있는 경우도 있죠. 만약 여러분 학교에 토론 동아리가 없다면, 여러분이 새로 만들 수도 있어요.

모의재판을 열어요

모의재판은 수업 시간이나 청소년 동아리에서 할 수 있는 또 다른 활동이에요. 역사 인물, 허구적인 인물, 심지어 동물을 설정해서 재판을 진행할 수도 있어요. 참여하는 사람들에게는 피고인, 변호사, 증인, 판사 또는 배심원 등의 역할이 주어져요.

박쥐 씨, 당신네 종족은 인간에게 코로나19 바이러스를 퍼뜨린 혐의를 받고 있습니다.

저희는 무죄를 주장합니다!

주장을 세워요

누군가를 설득하고 싶다면, 명확하고 견고하며 설득력 있는 주장을 세워야 해요.
이는 변호사들이 재판이 열리기 전에 하는 일이기도 해요.
또한 사람들이 토론회를 준비하는 방법이기도 하지요.

오자쿠와 올리브는 불꽃놀이에 관한 토론에 참여했어요. 다음은 두 사람이 주장하는 핵심 내용이에요.

불꽃놀이는 너무 위험하므로 금지해야 합니다.

우리 주장은 논리적인 이유가 있어요.

오자쿠

불꽃놀이는 동물들을 놀라게 해요.

불꽃놀이는 사람들을 다치게 해요.

불꽃놀이는 화재를 일으켜요.

우리 논리를 받쳐 줄 수 있는 증거들을 조사했어요.

올리브

개를 기르는 사람을 대상으로 한 조사에서, 개의 62퍼센트가 불꽃놀이 때문에 스트레스를 받는 것으로 나타났어요.

중국의 춘절이나 인도의 디왈리 축제, 미국의 독립기념일, 영국의 본파이어 나이트 등 불꽃놀이를 하는 날에는, 부상을 입고 병원을 찾는 환자들이 급격하게 늘어나요.

2018년 미국에서는 불꽃놀이 때문에 발생한 화재가 19,500건에 달했어요. 이 화재들로 숲이 파괴되고 사람들이 재산 피해를 입었으며, 부상자와 사망자도 많이 발생했어요.

올리브와 오자쿠는 자신들의 주장을 준비하면서, 상대가 내세울 수 있는 주장을 추측해 보아요.

토론이 시작되면, 올리브와 오자쿠는 각자 자신의 주장을 펼치는 연설을 해요.
두 사람은 또박또박 신중하게 단어를 선택해서 말해요.

시작 부분에서 오자쿠는 자기 말의 요점을 먼저 말하고, 자신들의 주장이 어떻게 구성되는지 설명해요.

감정적인 언어를 사용하면 청중을 자신의 편으로 끌어들이는 데 도움이 돼요.

올리브는 연설 중에 반대편의 주장을 제시하고, 그에 대한 반박을 펼쳐요.

불꽃놀이가 금지되어야 하는 세 가지 강력한 이유가 있죠. 그리고 이 모두를 뒷받침하는 확실한 증거가 있습니다. 첫 번째….

단순히 인간의 즐거움을 위해 죄 없는 동물들을 혼란과 공포 속에 내버려 두는 것이 정당한가요?

누군가는 불꽃놀이를 금지하면 그것이 통제 불가능한 불법 시장으로 이어질 수 있다고 말할지도 몰라요. 하지만 저는….

주장이 설득력이 있으려면 논리 정연해야 하고 사실에 기반을 두어야 해요. 그러려면 많은 계획이 필요해요(때때로 변호사들이 법정에 가기 전날, 밤늦게까지 준비하는 이유예요). 하지만 사람들이 이미 마음을 정한 상태라면, 아무리 강하게 주장을 해도 이기지 못할지도 몰라요.

오자쿠와 올리브, 참 잘했어요. 하지만 전 여전히 동의할 수 없어요. 불꽃놀이는 금지하기에는 너무 재미있는 일이거든요.

법과 관련된 직업

이 책을 재미있게 읽었다면, 여러분은 아마 법과 관련된 일을 하고 싶은 건지도 몰라요. 법과 관련된 많은 직업이 있답니다. 법과 관련된 일을 하는 사람들의 이야기를 듣고, 대화하고, 그 사람들을 돕는 일을 해요. 그중에서도 어떤 직업이 여러분에게 가장 맞을까요? 스스로 다음과 같은 질문을 던져 보세요.

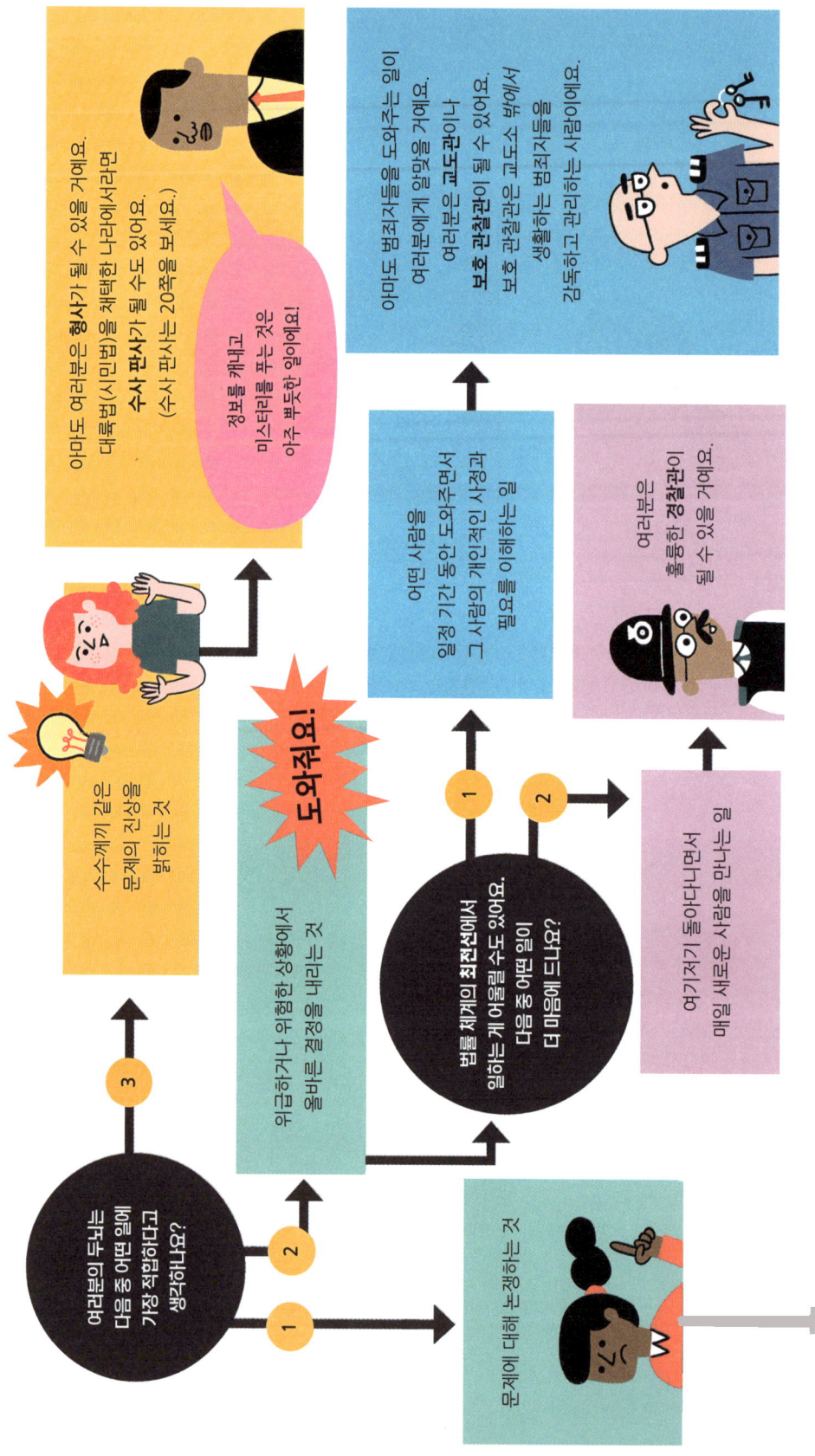

이름을 들어 본 적 있나요?

만델라, 간디, 베일이라는 이름을 아세요? 지난 150여 년 동안 사람들에게 큰 용기를 주었던 이 인물들은 모두 변호사가 되기 위한 교육을 받았고, 자신들의 법률 지식을 사용해 아주 큰 변화를 일으켰어요.

간디는 비폭력 시위를 이끌며 수백만의 인도 사람들이 영국의 식민 통치에 저항할 수 있도록 용기를 주었어요.

간디는 남아프리카에서 변호사로 일하면서 대중 연설에 대한 두려움을 극복했어요.

나는 영국 법을 어기고 평화적으로 체포와 투옥에 응하는 방식으로 영국에 저항했어요.

이러한 운동으로 여러 번 투옥되었어요.

마하트마 간디
영국 식민지였던 인도의 독립을 위해 투쟁한 지도자(1869~1948)

저는 많은 여성의 권리를 법으로 보호하기 위해 힘썼어요. 예를 들어, 여성이 손쉽게 피임을 할 수 있게 법을 만들었어요.

1990년에 옛 소련과 미국, 그들의 동맹국들 사이의 냉전을 평화롭게 끝낸 공로로 노벨 평화상을 받았어요.

미하일 고르바초프
러시아 대통령
(1931~)

시몬 베유
프랑스의 변호사이자 의원
(1927~2017)

저는 한평생, 인권을 침해당한 피해자들을 변호해 주었어요.

정치인이 되기 전에 변호사로 일했어요.

대통령으로 일할 때는 합리적인 의료 서비스를 위한 법을 통과시켰고, 동성 결혼을 합법화했어요..

시린 에바디
이란 최초의 여성 판사이자 인권 변호사
(1947~)

버락 오바마
미국 최초의 흑인 대통령
(1961~)

저는 법무부 장관으로 일하던 1950년에 결혼법을 만들었어요. 이 법으로 강제 결혼은 불법이 되었고, 여성의 권리가 향상되었지요.

1930년대에 상하이에서 법률 사무소를 직접 운영했어요.

절 기억하나요? 전 흑인과 백인 아이들의 분리 교육을 철폐시킨 브라운 사건(55쪽)을 맡았던 선임 변호사였어요.

시량
중국의 변호사, 법무부 장관
(1900~1985)

서굿 마셜
미국의 민권 변호사이자
최초의 흑인 대법관(1908~1993)

넬슨 만델라는 남아프리카 공화국의 기본 정책이었던 **아파르트헤이트**에 대항하는 투쟁을 이끌었어요. 아파르트헤이트는 인종에 따라 사람들을 분리했고, 흑인에게는 제대로 권리를 주지 않았어요.

남아프리카에서 최초로 흑인 소유의 법률 사무소 설립

저는 아파르트헤이트를 없애려고 한 죄로 감옥에서 27년을 보내야 했어요. 감옥에서 풀려난 1990년, 저는 백인의 통치를 끝내고 나라를 평화롭게 재건하기 위한 노력에 앞장섰어요.

1993년 노벨 평화상 수상

넬슨 만델라
남아프리카 공화국의 혁명 지도자이자
최초의 흑인 대통령(1918~2013)

오늘날에도 수많은 변호사가 더 나은 세상을 만들기 위해 일하고 있어요. 언젠가 여러분의 이름이 이 목록에 추가될지도 모를 일이지요.

예트네버시 니구시는 에티오피아 장애 발달 센터를 설립했어요.

해상 변호사인 **루이스 푸**는 남극해에 세계 최대의 보호 구역을 만들 수 있도록 도움을 주었어요.

아나 마리아 아르볼레다 페로도모는 법률 서비스를 받을 형편이 안 되는 사람들에게 법률 구조를 제공하는 *콜롬비아 프로보노 재단*의 이사예요.

왜 법이 중요할까요?

이제 여러분은 법이 우리와 아주 먼 곳에 있거나 동떨어져 있는 게 아니라는 사실을 알게 되었을 거예요. 법은 우리 모두에게 영향을 미쳐요. 법은 사람들이 할 수 있는 일과 할 수 없는 일, 그리고 일이 잘못되었을 때 어떻게 해결해야 하는지를 정해 주죠. 그러므로 법이 모든 사람에게 공정하게 적용되도록 하려면, 법을 알고 이해하는 것이 무척 중요하답니다.

낱말 풀이

다음은 이 책에 나온 주요한 단어들의 뜻을 설명한 거예요. *이탤릭체*로 쓰인 단어는 이 낱말 풀이 안에 설명되어 있는 단어라는 것을 의미해요.

계약 사람들 사이에 어떤 일을 하거나 또는 하지 않기로 하는 합의.

고소 법에 따라 개인이나 기관을 고발하는 것.

기소 법에 따라 범죄로 고발된 사람을 *재판*에 넘기는 일.

대륙법 독일, 프랑스 등 유럽 대륙의 법. 법전을 중심으로 함.

대법원 많은 나라에서, 가장 강력한 힘을 가진 *판사*들이 모인 곳.

민법 사람, 회사, 조직 관계에 관련된 법.

배심원 일반 국민 가운데서 무작위로 뽑혀 일부 *재판*에 참여하고 평결을 내리는 사람.

범칙금 잘못을 저지른 사람에게 부과하는 벌금.

법률 구조 정부가 도움이 필요한 사람들에게 소송 비용을 지원해 주는 것.

법원 *재판*을 여는 권한을 가지는 곳.

법정 *법원*이 법에 따라 소송 사건을 *심리*하고 *판결*하는 곳. 재판정.

보상금 피해자의 상해를 보상하기 위해 지불하는 돈.

심리 *재판*과 비슷하지만 일반적으로 좀 더 짧고 덜 공식적인 절차.

영미법 이전 *재판*에서 내린 *판사*들의 판결에 기초한 법률 체계. 영국과 미국이 대표적임.

유무죄 답변 *피고인*이 범죄에 대해 자신이 "유죄" 또는 "무죄"라고 공개적으로 말하는 *재판* 과정.

인권 음식이나 주거지 등 모든 사람이 마땅히 가져야 하는 것.

재판 사람들이 *법정*에서 만나 사건을 두고 논쟁을 벌이고, 보통 *판사*나 *배심원*이 판결을 내림.

조약 정부나 국가 간에 맺은 합의.

증거 *재판*에서 무언가를 증명하거나 반증하기 위해 사용하는 것.

증인 *재판* 중 질문에 대답하기 위해 불러온 사람.

차별 사람의 성별, 나이, 장애 등을 가지고 그 사람을 부당하게 대우하는 것.

판결 법원이 소송 사건에 대해 판단하고 결정을 내리는 일. 형사 소송에서는 유죄, 무죄 등을 선고함.

판사 *재판*을 이끌고 법에 대해 결정을 내릴 수 있는 권한을 가진 사람.

평결 *재판*에서 보통 *배심원*이 내린 최종 결정을 말함.

피고인 범죄를 저지른 혐의로 *기소*되었지만, 아직 유죄 *판결*을 받지 않은 사람.

항소 하급 *법원*의 *판결*에 불복하여 다시 상급 *법원*에 심판을 요청하는 일.

헌법 조직이나 국가의 운영 방법에 관한 기본적인 규칙과 법.

형법 다른 사람에게 해를 입히는 행위와 관련된 법.

찾아보기

ㄱ

가발 14, 23
가족법 36
개정 51, 53, 54, 117
검사 18, 19, 20~23, 25, 89, 109
결혼 11, 30, 36~37, 55, 122, 123
경찰 5, 13, 14~19, 72, 73, 86, 88, 94, 98~99, 105, 107, 110, 111, 116, 119, 120
계약 7, 30, 34~35, 62, 100
고대 로마 8~9
고대 이집트 8
공정한 재판 21, 73, 78, 109
과실 33
관습 11, 23, 45, 56, 63
관습법 45, 46, 47
교도소 5, 13, 19, 26~27, 79, 81, 103, 104~105, 120
교차 차별 83
국제법 61~71, 73, 93
국제 사법 재판소 62, 65, 68
권리 7, 36, 37, 38, 54, 55, 59, 63, 66~67, 75, 76~80, 82, 84, 86~87, 92, 103, 111, 112, 122, 123

ㄴ

남아프리카 공화국 40, 46~47, 123
넬슨 만델라 40, 123
노예 제도 54, 65, 93
뉴질랜드 47, 80, 112

ㄷ

다양성 100~101
달팽이 33
대륙법 44, 46~47, 120
대법원 29, 33, 39, 44, 53, 55, 56, 57, 58, 101
도덕 10, 54, 90
도둑(질) 6, 10, 12, 94
독일 35, 47, 58~59, 72, 92

ㄹ

린다 브라운 55

ㅁ

명예 훼손 32, 81, 95
물권법 38
민법 31, 32, 47

ㅂ

바다 38, 74~75
반인륜적 범죄 65
배심원 14, 15, 19, 20~25, 26, 28, 29, 95, 109, 117
벌금 5, 6, 26, 27, 110
범죄인 인도 73
법과 관련된 직업 115, 120
법률 구조 97, 123
법률 체계 44~47, 69, 91, 94~95, 100, 103, 107, 120
법의 지배 59
법전 43, 44, 56
법정 변호사 20, 121
보상금 26~27, 32~35, 90~91, 93, 96
보석 14, 19
불법 행위 32~33

ㅅ

사기 32
사무 변호사 20, 121
사생활 102, 111
사형 선고 26~27, 92
사회봉사 5, 26~27
살인 8, 10, 17, 18, 20, 26, 29, 48
서굿 마셜 123

스코틀랜드 33, 57, 107
시위 7, 37, 68, 84~85, 99, 117, 122
신탁 113

ㅇ

아돌프 히틀러 59, 92
영공 74
영미법 44, 46~47, 48~49
오스트레일리아 39, 47, 101
오염 물질 35, 62, 65, 90
우주 34, 74
원주민 39, 101
유럽 20, 47, 57, 62, 67, 73, 74, 82, 111
유엔(UN) 63, 64~65, 66, 67, 70, 78
의료(법) 36, 49
의원 5, 50~51, 56, 57, 87, 121, 122
의회 43, 44, 46~47, 50~51, 53, 56, 57, 59, 111
이란 68, 69, 122
이슬람법 45, 46~47
이혼 36, 82
인권 63, 64, 66, 70, 76~82, 84~87, 122
인도 37, 47, 92, 101, 118, 122
인종 분리 학교 55
인종 차별 55, 91, 98, 99
인질 68~69
인터폴 72, 73
입법부 44, 58, 59

ㅈ

자연의 권리 112
장애 82, 84~85, 96, 100, 101, 123
재활 26
저작권 40
전쟁 53, 54, 56, 60, 63, 64, 65, 67, 70~71
정당방위 4, 64, 70
정의 9, 73, 88~94, 96, 99, 106, 107
정의의 여신 9
제네바 협약 71

제재 64
조약 59, 62~63, 64, 74, 75
조정 31, 69
종교법 47
중재(자) 41, 69
증거 8, 9, 16, 18~21, 22, 28, 29, 55, 84, 108~109, 118, 119
증인 20, 21, 22, 28, 108, 117
지적 재산 40

ㅊ

차별 55, 76, 79, 82~87, 92, 95, 96, 100
첨단 기술 110~111

ㅋ

코로나19 72, 117

ㅌ

토론 24, 44, 50, 51, 93, 117~119
특허 40

ㅍ

판례법 49
평결 19, 24~25, 26, 29
폭력 6, 7, 66, 77, 87, 94, 99, 102, 105~107
표현의 자유 76, 80~81
프랑스 46~47, 50~51, 64, 122
프로보노 97, 123

ㅎ

항소 28~29, 48, 82
해양법 75
헌법 42~43, 52~59, 112
혐오 발언 81
형법 15, 32, 47
환경 75, 103

127

만든 사람들

로즈 홀, 라라 브라이언
글

미겔 부스토스, 안나 레이
그림

알렉스 프리스
편집

프레야 해리슨
디자인

제인 치즘
시리즈 편집

스티븐 몬크리프
시리즈 디자인

나타샤 잭슨, 윌 마틴(법정 변호사)
인종차별반대 교육자선단체
'SHOW RACISM THE RED CARD'
감수

이안 맥니
추가 그림

페리 칠, 베스 콕스,
에밀리 프리스
도움

왼쪽의 저작권 표시 문구는 이 책에 있는 글과 그림이 도용당하는 것을 막아 주는 법적인 장치예요.

한국어판 1판 1쇄 펴냄 2021년 10월 1일 | 1판 2쇄 펴냄 2022년 4월 30일
옮김 송지혜 편집 김산정 디자인 황혜련
펴낸곳 (주)비룡소인터내셔널 전화 02)6207-5007 팩스 02)515-2007
한국어판 저작권 ⓒ 2021 Usborne Publishing Limited

영문 원서 Law for Beginners 1판 1쇄 펴냄 2021년
글 로즈 홀 외 그림 미겔 부스토스 외 디자인 프레야 해리슨 외 감수 나타샤 잭슨 외
펴낸곳 Usborne Publishing Limited usborne.com
영문 원서 저작권 ⓒ 2021 Usborne Publishing Limited

이 책의 영문 원서 저작권과 한국어판 저작권은 Usborne Publishing Limited에 있습니다.
저작권법에 의하여 한국 내에서 보호를 받는 저작물이므로 무단전재와 복제를 금합니다.
어스본 이름과 풍선 로고는 Usborne Publishing Limited의 트레이드 마크입니다.

*이 책에는 네이버 나눔글꼴을 사용하였습니다.

어스본 출판사는 어스본 바로가기에서 추천하는 웹사이트들을 규칙적으로
확인하고 있습니다. 하지만 추천 웹사이트 외에 다른 웹사이트의 내용에
대해서 책임지지 않습니다. 다른 추천 사이트들을 살펴보다가
바이러스에 걸릴 경우, 어스본 출판사는 피해에 대해 책임지지 않습니다.